미라클
브레인

성공의 뇌를 리부트하라

미라클 브레인

초판 1쇄 인쇄 2024년 11월 1일
초판 1쇄 발행 2024년 11월 20일

지은이 강환규

발행인 백유미 조영석
발행처 (주)라온아시아
주소 서울특별시 서초구 방배로 스파크플러스 3F

등록 2016년 7월 5일 제 2016-000141호
전화 070-7600-8230   **팩스** 070-4754-2473

값 19,500원
ISBN 979-11-6958-131-8 (13190)

라온북은 독자 여러분의 소중한 원고를 기다리고 있습니다. (raonbook@raonasia.co.kr)

성공의 뇌를 리부트하라

미라클
브레인

강환규 지음

MIRACLE BRAIN

꺼져버린 당신의 뇌를 깨워 성공을 위한 시스템의 회로를 재가동하라

기술과 정보로 무장된 유혹과 쾌락에서 벗어나,
당신의 뇌를 독서와 사색의 향연으로 불러들이면
일과 삶, 성공의 지배자가 된다!

당신을
상위 1%로
이끄는
성공 뇌 훈련법!

RAON
BOOK

RAON
BOOK

AI와 인간, 공존의 시대, 지배하는 뇌만 살아남는다

○ 40년간 도망치는 아이

'아, 하기 싫다. 모든 것을 하고 싶지 않았다.'

약간 어렵고 도전할 만한 일이 있으면 자리를 일어나 다른 곳으로 도망가곤 했다. 공부를 해야 하지만 공부를 하지 않았고, 일을 해야 하지만 일을 하지 않았고, 가족과 시간을 보내야 했지만 그 시간 동안 다른 것을 하는 것이 좋았다. 해야 할 일 앞에서 자꾸 회피하고 미루는 나의 모습을 보며 주변 사람들은 독한 말을 내뱉었다.

"게으른 놈, 겉만 번지르르한 놈, 미덥지 못한 놈, 지 한 몸 간수 못 하는 놈."

그리고 그것은 어느 순간 나의 제한 신념이 되었다. 점점 그런 사람이 되어가고 있었다. '나중에는 나아지겠지…'라는 것은 없었다. 점점 더 심해지고, 점점 도망가는 기술은 더더욱 발전되었다.

겉으로 보기엔 멀쩡했다. 문제는 내 머릿속에서 일어나고 있었다.

어릴 때부터 방치된 아이였던 나는 항상 너무나 심심했다. 그러다가 5살 때 처음으로 슈퍼 앞에 게임기가 생겼다. 10원짜리를 넣으면 나에게 엄청난 경험을 선사해주었다. 내 마음대로 내 손으로 움직이는 화면이라니. 하루에 100원이 될까 말까 한 용돈이 아쉬울 따름이었다. 너무 심심한 나는 부모님 지갑에 손을 대기 시작했다. 7살 때, 유치원 등록금을 모두 오락실에 탕진하고 돌아온 걸 들킨 날, 부모님은 가혹한 체벌로 나를 다스렸다.

나는 매번 중요한 일을 잊기 일쑤였다. 학교에서 내주는 숙제나 준비물을 챙겨 가본 적이 손에 꼽혔다. 다른 아이들과 공감 능력이 극도로 없었던 나는 한 학교에 한 명 있을까 말까 한 최고의 문제아였다. 아이들은 나 때문에 학교 가기를 싫어했고, 중학교 때는 왕따를 당했다. 쉬는 시간에 나를 마음에 안 들어 했던 아이들 10명이 10분간 구타를 했고, 나를 싫어했던 담임선생님은 아이들과 나를 함께 벌주고 체벌했다. 하지만 그 당시 새벽부터 저녁까지 장사하며 고생하는 부모님께 걱정을 끼치고 싶지 않아 퉁퉁 부은 얼굴을 숨긴 채 방문을 걸어 잠그곤 했다.

대학교 시절에는 F학점으로 학사경고를 받았고, 졸업을 못 해 한 학기를 더 다녀야 했다. 공장에서 일을 할 때도 집에서 밤새 게임을 하고 출근해 실수가 잦았고, 내 별명은 '왕 상태가 안 좋은 사람'을 줄여 '왕상태'가 되었다. 심지어 그 별명을 지어준 사람은 매일 술을 마시고 공장 구석에서 자는 일이 잦은 사람이었다. 하지만 아무도 그 사람이 나를 '왕상태'라고 부르는 것을 이상하다고 생각하지 않았다. 직장을 옮기고 사업을 해도 이놈의 실수는 잡히지 않았다. 약속을 잊거나 어기는 것이 너무나 잦았고, 크게 잘한 것들을 작은 실수들로 다 덮어 마이너스 인생으로 만들었다. 결혼하고 한 가정의 가장이 되고, 아이 아빠가 되어도 '왕상태'는 나아지지 않았다.

아내의 눈물, 아이의 병, 거기에 회사에서 부장님에게 욕설과 함께 머리를 수차례 맞고 공황장애에 빠졌다. 그럼에도 나는 계속해서 화면으로 도망쳤다. 화면 속의 나 자신은 세상을 구하고 이웃을 돕는 영웅이었지만, 현실 속 나는 아침이 두려운, 나이 들고 몸집만 큰 아이였다. 내가 화면으로 도망가는 동안 가세는 점점 기울어 빚을 3.5억 지게 되었다. 스스로가 너무 한심해 강남에서 뇌파 검사를 받으니 ADHD 판정이 나왔다. 기억을 담당하는 뇌의 해마와 판단력이나 기분 조절과 연관된 두정엽 일부가 많이 부어 있었다.

'아…, 내 뇌가 도망가는 뇌였구나.'

이렇게 살 수는 없었다. 내 뇌를 처음부터 끝까지 모두 개조해야만 했다. 수많은 자기계발서와 뇌 과학책, 인문고전을 미친 듯이 읽기 시작했다. 자기계발서에서 "나는 나를 사랑한다"라고 외치라고 해서 외쳤지만, 스스로에 대한 분노만 치밀었다. 하지만 계속했다. 자기계발서와 뇌과학책을 인문고전처럼 탐독하고, 인문고전을 자기계발서처럼 실행하며 읽었다. 그렇게 지내기를 11년, 이제 나의 뇌는 '지배하는 뇌'로 바뀌었다. 몸값이 10배가 넘게 높아졌으며, 감사하게도 많은 사람들의 존경을 받으며 돈을 벌고 있다. 몸무게도 28kg을 감량했다. 나로 인해 인생이 바뀐 사람들의 편지, 문자, 메일을 수백 통 넘게 받았다. 과연 어떤 일이 있었던 걸까?

○ AI와 인간, 공존의 시대, 지배하는 뇌만 살아남는다

인생이 꼬이는 사람들은 해야 할 일을 하지 않으면서도 좋은 방향으로 가기를 바라는 특징이 있다. 대부분의 사람들은 원하는 삶이 있다. 하지만 자신이 원하는 삶을 위해 적극적으로 새로운 시도는 잘 하지 않는다. 가끔 한다고 해도 작심삼일에 그칠 뿐이다. 대한민국의 성장률이 7~10%를 넘었던 고성장의 시대에는 시키는 일만 열심히 하면 보상이 돌아왔다. 버티는 것이 능력이었다. 지금은 나 자신을 억누르고 가족과의 시간을 희생하며 시키는 일을 열심히 해도 보상을 받기 어려운 시대다. 심지어, 누구보다 열심히 공부하는 전문직들조차 AI의 눈부신 발전에 점점 대체되고 있다.

코로나로 인해 전쟁에 버금가는 돈이 시장에 풀렸다. 물가는 하늘 높은 줄 모르고 뛰어오르고 있지만, 내 손에 쥐어지는 월급은 한 움큼도 체감되지 않는다. SNS 광고나 인플루언서들은 단군 이래 돈 벌기 가장 쉬운 시대라고 하지만, 나도 그들처럼 성과를 낼 수 있을 것이라고는 생각하지 않는다. 그러면서 나 자신에게 시간을 투자하지 않는다. 새로운 것을 배우거나 운동을 하거나, 책을 읽거나 건설적인 모임에 참여하는 시간은 생각지도 않는다. 심지어 꼭 해야 할 공부나 일도 미루며 임박 착수형 인생을 산다. 스마트폰과 컴퓨터, TV 속으로 도망가는 사람들…. 그뿐만 아니다. 아이들은 부모님을 스크린에 빼앗겼고, 부모님은 스마트폰에 자녀를 빼앗긴다. 사람들은 점점 현실로부터 '도망가는 뇌'가 되어가고 있다.

그러나 자신의 뇌를 지배하는 극소수의 사람들이 생겨났다. 최신 뇌 과학 정보를 통해 자신의 뇌를 해킹하여 스스로 성공할 수밖에 없는 환경으로 몰아간다. 중독성 콘텐츠가 사방에 널려 있어 많은 사람들이 자신의 시간을 낭비한다. 하지만 지배하는 뇌를 가진 사람들은 중독을 만드는 원리를 파악해 다른 사람들의 트래픽을 모으고 큰 성공과 부를 거머쥔다. 다른 사람들은 자신의 많은 시간과 취향과 기록물들을 대기업의 빅데이터로 수집하게 해서 AI에게 밥을 먹여주지만, 지배하는 뇌를 가진 사람들은 빅데이터를 먹고 성장한 AI를 활용해 시간이 오래 걸리는 업무를 줄이고 다른 사람의 뇌를 이해한 마케팅 능력을 활용해 압도적인 효율로 자신의 몸값을 높인다.

○ 당신은 어떤 뇌를 가지고 있는가?

당신의 뇌에서 가장 경이로운 사실 중 하나는 뇌 가소성(Neuroplasticity)이 존재한다는 것이다. 한 번 만들어지면 고정되는 것이 아니라, 근육 운동을 하면 커지는 근육처럼 뇌도 단련하면 변하게 된다. 뇌경색 때문에 뇌가 망가져 부분적으로 마비가 온 사람도 '될 수 있다'라는 마음과 꾸준한 재활 훈련을 하면 주변의 뇌가 마비가 온 부분을 대신하여 변하게 되어 움직일 수 있게 된다. 만약 당신이 해야 할 일을 못 하고 자꾸 미루고, 스크린으로 회피하는 도망치는 뇌를 가지고 있다면 '책임지는 뇌, 지배하는 뇌'까지 가기 위해 뇌를 극적으로 변화시켜야 한다.

마약 중독, 알콜 중독, 스크린 중독, 스마트폰 중독이 만연한 이 세상에서 우리를 건강하게 지킬 수 있는 힘은 바로 나와 남의 뇌를 아는 힘에 있다. 당신이 가진 최상급 수퍼바이저, 두뇌를 알고 이를 훈련하는 방법을 알게 된다면 모든 가능성이 열린 위대한 삶으로 한 걸음 내디딜 수 있게 된다. 그리고 다른 사람의 두뇌가 어떻게 작동하는지 알면 여러분이 가진 재능을 가장 필요한 사람에게 전달하고 판매할 수 있는 능력을 갖게 된다. 이러한 변화가 기대되지 않는가?

어느덧 아이 셋의 아빠가 된 지금 나는 너무 행복한 삶을 살고 있다. 내가 공부해 왔던 것들 중 나와 다른 사람에게 적용했을 때 꼭 필요한 지식을 이 책을 들고 있는 여러분께 기꺼이 나누려고 한다. 이제 내 머릿속 작지만 무한한 성공의 세계로 여행을 떠나보자.

봄들애 인문교육 연구소
대표 강환규

Chapter 1

흔들리는 세상, 당신의 뇌를 업그레이드 하라

세계 최고의 뇌 과학자가 알려주는
가장 쉬운 성공의 뇌 연금술

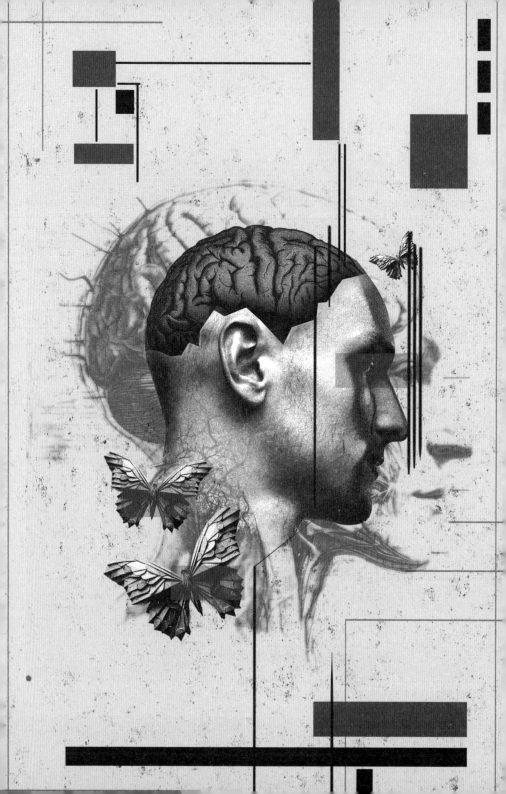

흔들리는 세상, 당신의 뇌를 업그레이드 하라

미래를 열어주는 열쇠
: 당신의 두뇌

타고난 운명을 바꾸기 위해 목숨을 걸어 본 일이 있는가?

- 김한국(젠틀몬스터 창업자)

선글라스계의 혁신 브랜드 〈젠틀 몬스터〉를 탄생시킨 김한국 대표는 누구보다 평범한 삶을 살고 있었다. 그는 대학을 졸업하고 현대카드에서 직장 생활을 시작했지만, 매일 반복되는 일상에 염증을 느꼈다. 그의 야망은 단순히 직장에서의 성공이 아니었다. 특별하고도 독특한 자신만의 브랜드를 만들고 싶었다. 그 꿈을 이루기 위해 그는 하루에 한 권씩 3개월 동안 100권의 책을 읽으며 다양한 지식을 습득했다. 그 중 특히 뇌와 인간 행동 심리에 관한 책들이 그의 사고방식을 크게 바꾸어 놓았다.

다독과 심독을 하며 김한국 대표는 사람들이 왜 특정 제품을 구매하는지, 그들의 마음을 사로잡는 요소가 무엇인지 이해하기 시작했다. 그는 이런 심리와 인간 욕구를 바탕으로 자신만의 독특한 안경 브랜드인 〈젠틀몬스터〉를 설립했다.

하지만 사업 초기에는 자금 부족과 시장의 회의적인 반응으로 많은 어려움을 겪었다. 어느 날, 김한국 대표는 직원들을 모아놓고 말했다.

"다음 달에는 월급을 줄 수 있을지 모르겠어요. 그만두고 싶은 사람은 다른 회사를 알아보세요."

하지만 한 직원이 그에게 다가와 말했다.

"대표님, 저는 돈을 받지 않아도 좋으니 회사와 함께하겠습니다."

이 말은 김한국 대표에게 큰 힘이 되었다. 그는 더욱 열심히 일하며 제품을 개선하고 마케팅 전략을 세웠다. 사람들의 마음을 이해하고 그들이 원하는 제품을 제공하기 위해 노력했다. 그의 노력은 결국 열매를 맺었다. 젠틀몬스터는 특유의 독특한 디자인과 차별화된 마케팅으로 주목받기 시작했고, 곧 세계적인 브랜드로 성장해 나갔다.

김한국 대표의 성공은 단순히 운이 아니라, 타인의 뇌를 연구하고 그들의 사고방식을 깊이 이해한 결과였다. 그는 자신이 좋아하는 일을 하면서도 사람들에게 가치를 제공할 수 있는 방법을 찾았다. 그 결과, 젠틀몬스터는 단순한 안경 브랜드를 넘어 하나의 문화 아이콘으로 자리 잡았다. 2023년 젠틀몬스터는 연매출 6,000

억을 돌파했고, 킴 카다시안, 제니, 크리티나 아길레라 등 전 세계 셀럽들이 사랑하는 브랜드로 발돋움했다.

○ 뇌를 잘 사용하는 사람과 사용하지 못 하는 사람의 양극화

최근 뇌 과학 분야에서는 다양한 방면에서 중요한 성과가 이루어지고 있다. 신경가소성, 신경 퇴행성 질환, 신경회로망 연구에서 중요한 발견들이 이어지고 있으며, 신경영상 기술의 발전으로 뇌 활동을 정밀하게 시각화할 수 있게 되었다. 또한, 인공지능의 도입으로 대규모 데이터를 분석해 더욱 정밀한 뇌 과학 연구가 이루어지고 있다. 옵토제네틱스, 신경 임플란트, 뇌-컴퓨터 인터페이스 (BCI)와 같은 혁신적인 신경기술을 통해 다양하게 응용이 가능한 활용 방법들을 열어주고 있다. 이러한 연구들은 다양한 학문적 접근과 글로벌 협력을 통해 더욱 가속화되고 있으며, 이제는 윤리적 고려 사항도 중요하게 다루어지고 있다.

- **옵토제네틱스** : 빛을 이용해 특정 신경 세포를 활성화하거나 억제하는 기술, 빛을 통해 세포의 활동을 조절
- **신경 임플란트** : 손상된 신경을 복원하거나 대체하는 전자기기, 청각 장애인을 위한 인공 와우와 같이 감각 기능을 회복시키거나, 척수 손상 환자의 움직임을 복원하는 데 사용
- **뇌-컴퓨터 인터페이스(BCI)** : 뇌와 외부 장치 간의 직접적인 통신을 가능하게 하는 기술, 뇌의 신호를 이용해 컴퓨터나 로

봇을 제어할 수 있음

이렇게 발전된 뇌 과학을 활용해 많은 기업들은 사람들의 행동을 제어하기 시작했다. 대부분의 사람들은 더 많은 시간을 스크린 앞에서 보내게 되었다. 나 자신을 성장시켜 경제적 자유를 향해 가는 삶으로부터, 그리고 치솟는 물가와 집값 앞에서 눈을 돌리도록 만들었다. 보다 열심히 참아서 거하게 사치하는, 이른바 절약과 사치가 공존하는 소비 패턴을 갖게 되었다. 미래를 보며 하나씩 내 자산과 시간 가치를 만들어 가는 삶은 이제 극소수의 것이 되어 버렸다. 열심히 벌어도 더욱 가난해지는 생활 패턴을 가지게 되는 것이 대세가 되었다. 0.72라는 출산율은 우리나라의 어두운 미래를 보여주는 현판과도 같다. 내 두뇌 사용법을 모르고 뇌 과학에 사용 당한 사람들은 점점 더 나락으로 빠져들었다.

반면 당신에게 가장 중요한 자산인 두뇌를 제대로 이해하고 활용해 나가는 사람들도 있다. 심지어 뇌를 기반으로 한 인간의 심리 패턴을 공부해서 자신의 제품과 서비스에 적용 후 영향력을 쌓아 부의 최상위 계층으로 올라서기도 한다. 두뇌는 단순한 생각의 도구가 아니라 당신의 삶 전체를 결정짓는 열쇠다. 앞으로 당신의 뇌를 어떻게 관리하고 개발하느냐에 따라 완전히 다른 격차를 가진 미래를 맞이하게 된다. 뇌는 당신의 삶을 지배하고, 당신이 내리는 모든 선택과 행동의 중심에 있다. 하지만 당신은 당신의 뇌에 대해 너무 모른다. 뇌를 이해하고 활용하는 것이야말로 우리의 미래를 밝히는 열쇠가 될 것이다.

뇌의 중요성을 이해하려면 먼저 몸과 뇌의 연결 고리를 살펴봐야 한다. 예를 들어, 음식을 먹을 때 꼭꼭 씹는 것이 집중력 향상에 도움이 된다는 것을 알고 있는가? 이는 '씹기'가 소화 과정을 돕고, 뇌로 가는 혈류를 증가시키기 때문이다. 심지어 무언가 씹는 행위를 하는 동안 감정을 조절하는 세로토닌이 분비되어 우울증이나 분노를 다스리는 데 도움이 된다. 특히 빵, 떡, 라면 등의 탄수화물이 들어 있는 식사를 할 때 입에서 죽이 될 때까지 씹어서 먹으면 식곤증이 거의 사라지고 에너지가 넘치게 된다.

감정을 조절하는 '세로토닌'은 뇌에 직접적인 영향을 미치며 95% 이상이 장(腸)에서 생성된다. 이는 우리의 장 건강이 곧 뇌 건강과 직결된다는 의미다. 특히 우리가 흔히 필요 없다고 여기는 '맹장'은 면역 시스템과 소화에 중요한 역할을 한다. 2010년대에는 유명 산부인과에서 제왕절개 수술을 할 때 원 플러스 원처럼 맹장이 필요 없는 장기라며 수술을 권유하는 사례도 있었다. 이런 사례는 우리의 장과 뇌에 대한 무지에서 나온 것이다.

뇌는 당신의 모든 선택과 행동의 중심지다. 마약, 도박, 게임 중독은 강력한 도파민 중독을 일으켜 거대한 쾌락과 중독 행위를 향한 강력한 동기부여를 만들어 낸다. 이런 중독 행위들은 운동, 독서, 공부, 업무 등 삶에서 꼭 필요한 중요한 일들에 대한 동기부여를 어렵게 만든다. 이는 모두 뇌에서 만들어지는 단순한 화학반응에서 시작되는데, 의지력이나, 인내로 인생을 단련해 나가는 사람들이 세상에서 승리하듯 앞으로는 뇌를 지배하는 사람이 인생을 지배하게 될 것이다. AI 시대가 시작되면서 이러한 현상은 더욱 명확해졌다. 바야흐로 뇌를 단련한 사람이 세상을 지배하는 시대가 온 것이다.

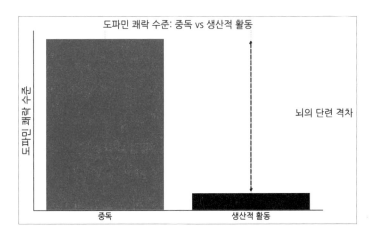

이렇게 당신의 뇌를 알고, 다른 사람의 뇌를 공부하면 완전히 다른 삶이 펼쳐진다. 헬스장에서 몸을 단련하면 바디 프로필이 남지만, 뇌를 단련하면 유형뿐만 아니라 무형의 자산까지 남는다. 자신의 뇌를 아는 것이야말로 자신을 가장 사랑하는 방법이다.

왜 배가 고픈지, 왜 핸드폰을 많이 하면 무기력해지는지, 왜 자꾸 다른 사람을 탓하게 되는지 등의 질문들은 모두 '뇌'와 관련이 있다. 뇌가 우리의 신체와 감정을 어떻게 조절하는지 알아감으로써 당신의 인생은 더욱 성공가도를 달리게 된다. 당신의 뇌가 비로소 실패를 벗고 성공을 입기 시작했기 때문이다.

당신이 왜 꾸준하지 못한지, 왜 겁이 많은지, 왜 머리가 좋지 않다고 느끼는지, 혹은 왜 머리가 좋으면서도 노력을 하지 못하는지에 대해 스스로 질문해 본 적이 있는가? 많은 성공의 기회 앞에서 도전하지 못하는 이유도 당신의 뇌가 어떻게 작용하는지에 달려 있다. 뇌를 알지 못하면 당신은 당신이 원하는 삶을 살지 못하게 될 것이다. 반대로 뇌의 일부분만 알아도 당신은 원하는 것 이상의 결과를 얻게 될 것이다.

실패를 입은 뇌를 가진 인생을 살면서 이리저리 휘둘리는 것을 방관할 것인가? 아니면 책임지고 성공을 입은 뇌를 만들어 AI를 당신의 충실한 동반자로 만들고 함께 성공한 인생을 살 것인가? 이제 당신의 선택에 달려 있다.

지금 당장 성공을 지배할 뇌를 공부하자. 당신의 뇌는 물론 타인의 뇌까지 활용할 수 있는 수준에 이르러야 한다. 뇌의 무한한 가능성을 사용하지 못한다면 우리는 그저 현실에서 도피하는 삶만 살게 될 것이다. 당신의 뇌는 당신이 생각하는 것 이상으로 강력하며, 이를 최대한 활용하는 것만이 당신의 유일한 과제이다.

당신의 뇌의 무게는 약 1.5kg이며, 80%가 물로 채워져 있고 나머지는 지방과 단백질로 이루어져 있다. 그러나 이 작은 기관은 결코 작지 않다. 당신의 생각, 기억, 감각, 감정, 심지어 운명까지 좌우하기 때문이다.

성공을 입은 뇌로 도약하려며 뇌의 매뉴얼이 필요하다. 이 책은 당신의 뇌를 최적화하는 성공 매뉴얼이다. 내 삶에 성공에 물결을 덧입혀 줄 시크릿 북이다. 책을 읽을 때, 언어를 공부할 때, 가족과 있을 때, 일을 할 때, 마케팅을 할 때, 영업을 할 때 내 뇌가 어떤 모드로 어떻게 작동해야 하는지 가이드가 될 것이다.

당신은 복권에 당첨되면 어떤 일을 할 것인가? 오늘 같은 하루에 만족하며 그대로 살 것인가? 당신의 뇌는 복권과 같다. 복권 1등에 당첨될 천운을 지닌 사람도 복권을 긁지 않으면 1등에 당첨되지 않는다. 뇌를 공부하는 것도 마찬가지다. 당신의 인생을 복권 1등 당첨보다 더 위대하게 만들어 줄 성공을 입은 뇌를 긁어라! 인생의 어떤 기적이 시작될지 흥분하고 기대하면서 말이다.

다가오는 시대, 당신은 뇌를 활용할 준비가 되었는가?

뇌를 리부트하다
: 습관과 사고의 전환

O 실패의 뇌에서 성공을 입은 뇌로 전환된 계기

마약 중독, 알코올 중독, 스크린 중독, 스마트폰 중독, 어느새 세상은 중독에서 벗어날 수 없는 환경으로 세팅되었다. 중독될 요소들이 만연한 이 세상에서 나를 건강하게 지킬 수 있는 비결은 바로 뇌를 아는 힘에 있다. 나는 현재 많은 사람들의 인생을 바꿔주는 교육사업가이자 베스트셀러 저자로 살아가고 있지만, 몇 년 전까지만 해도 내 뇌의 사용법을 전혀 몰랐다.

30년이 넘도록 책 한 권 읽지 않은 탓에 회사에서는 늘 사고뭉치였다. 당시 내 업무는 해외 영업이었는데, 밤낮 상관없이 게임 중독으로 살다가 서류 기록 실수나 고객 요구사항을 잊어버리는 일이 잦았다. 실수도 한 두 번이지, 지속되는 실수는 더 이상 실수가 아니었다. 실수할 때마다 상사에게 꾸지람과 폭행까지 당하던 나는 심각한 공황장애를 얻게 되었다. 절인 생선 눈처럼 흐리멍덩한 눈을 뜨고 다니며 매일 괴로움 속에서 탈출구를 찾고 있었다.

어느 날, 멘토 한 분께 상담을 드리러 찾아갔는데, 상담 대신 책 한 권을 선물해 주셨다. 그 책의 작가가 운영하는 독서 모임에 참여해 보라는 권유와 함께 말이다. 내 심각성을 알아차리시기라도 한 것일까? 내가 살고 있는 인천도 아닌, 서울에서 진행되는 독서 모임을 추천해 주신 것이다. 심지어 그 독서 모임의 시작 시각은 매주 토요일 아침 7시였다. 정신 나간 시각이라고 생각했지만 뭔가 변화가 절실하게 필요했기에 인천에서 서울까지 매주 왕복하며 다니기 시작했다.

독서 모임에 참여한 사람들은 그 이른 아침 시간에 풀 메이크업을 하고 정장을 입고 나와 있었다. 말도 얼마나 잘하는지, 교장선생님, 의사, 사업가 등 평소에는 만나 볼 수 없었던 다양한 직업군이 모여 토론하고 있는 모습을 보고 있노라면 꿈을 꾸고 있는 듯했다. 꿈만 같은 독서 모임이 끝나는 시간은 오전 9시였다. 그때마다 어김없이 내 핸드폰에서는 알람이 울렸다. 기상 알람이었다. 독서 모임에 나오기 전까지 나에게 토요일 아침 9시는 달콤하게 늦잠을 자는 시간이었다. 하지만 독서 모임에 참여한 사람들은 아침 9시가 독서 모임을 마치는 시간이었다. 같은 날, 다른 습관을 가진 사람들은 완전히 다른 토요일을 맞이하며 살고 있었다.

◯ 일상에 지루함과 산만함이 묻어나는 사람들의 특징

나중에 알게 된 사실이지만, 내 뇌는 성인 ADHD(Attention-Deficit Hyperactivity Disorder : 주의력 결핍 과잉 행동 장애)를 가진 뇌로 발달되어 있었다. ADHD를 가진 뇌는 일반 뇌와 몇 가지 중요한 차이점이 있다. 전전두엽(prefrontal cortex, PFC)의 두께가 얇거나, 활성도가 낮아 집중력과 실행 기능이 떨어지며, 도파민과 노르에피네프린 같은 신경전달물질의 불균형으로 인해 충동 조절이 어려운 경우가 많다. 어릴 때 생긴 ADHD는 성인이 되면서 뇌가 자연적으로 함께 자람에 따라 정상인과 같이 회복되는 경우가 많다. 하지만 스마트폰, 게임의 과도한 노출로 인해 뇌 발달의 밸런스가 깨진 채로 성장하게 되면 성인이 되어도 ADHD 증상을 갖고 살아가야 하는 경우가 많다.

ADHD를 가진 사람들은 내가 관심 있는 영역이 아니거나 지루하다고 느끼는 일들은 아무리 중요한 일이라고 해도 성과가 떨어진다. ADHD를 가진 사람들은 일반적으로 다음과 같은 특징을 갖고 있다.

- **1. 지속적인 산만함** : 하나의 일에 집중하기 어려움. 지금 하던 것을 마치지도 않고 다른 것을 한다. 업무 전환이 자주 일어나서 일의 효율이 매우 떨어진다. 해야 할 일들을 깜빡하는 경우가 많아서 의도치 않게 약속을 잊어버리거나 챙겨야 할 물건을 못 챙기는 경우가 많다.
- **2. 충동적인 행동** : 깊은 생각 없이 순간적인 충동적 감정에

따라 행동한다. 심지어 그 행동도 타인의 시선을 상관하지 않고(심지어 즐기면서) 과도하고 과장된 행동을 한다. 어린아이들도 그러한 과한 행동 때문에 많은 사람들의 눈살을 찌푸리게 하는 경우가 많다.

- **3. 계획과 조직의 어려움** : 어떤 일을 할 때 계획을 세워서 차근차근 하는 것을 어려워한다. 미리미리 하면 될 것을 꼭 닥쳐서 허겁지겁하게 된다.
- **4. 시간 관리의 어려움** : 시간이 '지금' 아니면 '지금 아님'밖에 없다. 시간이 얼마 남지 않았는데 많이 남았다고 느낀다. 약속 시간에 자주 늦는 편이어서 주변 사람들의 불신을 산다.
- **5. 물건을 자주 잃어버림** : 무언가에 몰두하면 정말 어이없는 곳에 물건을 두고 다닌다. 우산은 특히 가장 많이 기부하는 물건들 중 하나.

이와 같은 특성은 뇌의 특정 부위인 전전두엽과 관련이 깊다. 전전두엽은 계획, 조직, 충동 조절을 담당하는 중요 부위다. 애석하게도 ADHD를 가진 사람들은 전전두엽의 기능이 저하되어 있어서 일상적인 생활에 많은 어려움을 겪는다. 대부분의 경우 이런 증상을 갖고 있으면 정신과에 가서 ADHD약을 처방받는다. 하지만 알아두어야 할 것이 있다. 혈압약이 혈압을 치료하는 것이 아니라, 일시적으로 혈압을 낮추는 효과를 있는 것처럼, ADHD의 경우도 ADHD약 자체는 증상을 일시적으로 완화해 줄 뿐이다.

그럼에도 불구하고 ADHD약의 효과는 굉장하다. 먹으면, 가족이 바로 알아보고, 먹지 않아도 가족이 바로 알아본다. 이렇게 정신에 강력한 작용을 미치는 약이 부작용이 없을 리 없다. 처음에는 강한 효과에 희망을 갖게 된다. 엄청난 집중력이 생기고, 없던 꼼꼼함이 솟아나서 일을 알아서 챙겨서 하고, 약속 시간도 잘 지킨다. 하지만, 처음의 기적과 같은 효과는 점점 사라지게 된다. "오늘 약 안 먹었어?" 이 말을 들을 때마다 나 자신이 정신병을 앓고 있다는 사실이 스스로를 작아지게 만들었다. 점차 복용량을 늘리게 되었고, 5배로 늘리는 데 3달이면 충분했다. 혈압이 너무 높아져서 어지럼증이 찾아왔을 때, 약에 대한 부작용을 찾아보기 시작했다.

우리나라에 판매되는 ADHD치료제는 3종류로 메틸페니데이트, 아토목세틴, 클로니딘이다. 세 가지 약물의 부작용은 아래와 같다.

- **메틸페니데이트** : 불면증, 식욕 저하, 신경과민, 혈압 및 심박동수 증가, 두통, 복통, 어지러움, 기분 변화, 심혈관계 문제, 소아의 성장 지연, 기존의 정신 질환 악화, 새로운 정신 질환 유발, 발작, 약물 의존성
- **아토목세틴** : 불면증, 식욕 저하, 신경과민, 혈압 및 심박동수 증가, 두통, 복통, 어지러움, 기분 변화, 심혈관계 문제, 소아의 성장 지연, 기존의 정신 질환 악화, 새로운 정신 질환 유발, 발작, 자살 충동 증가, 심각한 간 손상, 눈에 들어간 경우

즉시 씻을 것,

- **클로니딘** : 원래는 고혈압 치료제, 피로, 두통, 어지러움, 변비, 혈압, 심박 수 감소, 졸림.

이런 부작용을 가진 약을 어릴 때부터 주기적으로 먹는 아이는 어떻게 될까? 부작용 없이 ADHD를 치료하는 데에 도움 되는 것은 따로 있다.

○ 당신의 뇌를 완전하게 바꿀 인생템! 독서토론

독서가 인생에 도움이 된다는 것은 누구나 익히 알고 있는 사실이다. 하지만, 독서를 할 때 우리 뇌에서 어떤 일들이 일어나는지는 잘 모른다. 대부분 지식의 수준이 좋아지거나 지혜로워지는 것이 책의 역할이라고 생각한다. 회사에서 사고뭉치였던 내가 회사를 그만두면서 전심으로 노력했던 것이 바로 독서 모임이었다. 매주 한 권의 책을 읽고 독서 모임에 나가서 열심히 토론을 했다. 갑자기 버는 능력이 좋아진다거나 사업기회가 보인다거나 하는 극적인 변화가 일어나지는 않았다. 하지만 확실히 변한 것이 있으니 바로 '말'이다.

이전에는 그저 어디에서 주워들은 말, 주변에서 했던 이야기 정도의 지식으로 사람들과 대화했지만, 점점 내가 하는 말들에서 작가들의 생각이 묻어나기 시작했다. 같이 토론에 참여했던 사람들의 생각도 내 말에 묻어나기 시작했다. 10년이 지난 지금은 이제 내가 하는 말을 어떤 작가가 이야기했는지 알 수 없을 정도로 나의 대화법과 언어체계는 완전히 달라졌다.

단순히 말만 변한 게 아니었다. 점점 계획적인 일에도 익숙해지기 시작했다. 하루 일정을 체크하는 스케줄러를 쓰기 시작했고, 깜빡하는 빈도가 점점 줄어들기 시작했다. 아침에 일찍 일어나 책을 읽기 시작했다. 파워 E(Extrovert : 외향적)였던 성격에 점점 I(Introvert)가 자오르기 시작했다. 책을 읽는 것이 점차 쉬워지게 되었다. 쉬운 것을 넘어 몰입을 하기 시작했고, 어느 순간부터는 예전에 만났던 사람들과 만나는 것이 불편해지기 시작했다. 나는 그렇게 인생의 끝에서 성장의 세계로 입문하게 되었다. 지금 돌아보면 내 뇌에서 많은 변화가 일어난 시기였다.

○ 독서토론이 전두엽, 측두엽, 두정엽에 미치는 영향

전두엽 (Frontal Lobe)

전두엽은 논리적 사고, 문제 해결, 계획, 감정 조절 및 언어 기능과 같은 고차원적인 인지 기능의 담당 영역이다. 독서토론 습관은 이러한 기능을 강화하는 데 도움이 된다. 어떻게 강화한다는 것일까? 다른 사람과 열띤 토론을 하는 동안 뇌에서는 논리적으로 사고하고 자신의 생각을 표현할 수 있도록 전두엽이 활발히 활동 버튼을 켜기 시작한다. 그래서 말을 하는 동안에는 생각 없이 할 수 없는 것이다. 토론을 자주, 많이 할수록 전두엽은 점점 더 강화될 것이고, 그렇게 되면 당신의 뇌는 점차 일목요연하게 생각을 정리하거나, 논리적인 표현을 할 수 있게 됨으로써 탁월한 커뮤니케이션 능력을 향상시켜 줄 것이다. 당신의 판단력과 의사결정 능력, 창의성, 그리고 사회적 행동 조절 능력을 빛나는 수준까지 향상시킬 수 있다.

말 잘하게 되는 뇌. 브로카 영역의 강화

"책 읽으시는 분이라 그런지 말하는 게 다르시네요."라는 말을 자주 듣게 된다. 좌뇌의 전두엽에 부분에는 언어를 담당하는 브로카 영역이 있다. 책을 읽을 때도 마음속으로 소리를 내면서 읽기 때문에 브로카 영역이 강화된다. 이렇게 읽은 내용을 토론할 때 이야기하게 되면, 점점 저자가 하는 말과 나의 말이 닮아가는 효과가 생긴다. 단어 선택이나, 지식의 수준이 깊어지며, 논리적인 말하기도 자연스럽게 좋아진다. 단순히 말이 유창해지는 것을 넘어서, 정말 어른스럽고 세련되게 언어를 구사하게 된다. 말의 출력을 담당하는 브로카 영역이 활성화를 통해 자연스럽게 말을 더 논리적이고 체계적으로 할 수 있게 된다. 말을 많이 해서 좋아지는 것이 아니라, 뇌의 구조가 점차 체계적으로 바뀌어 가기 때문에 언어 능력이 좋아지는 것이다.

측두엽 (Temporal Lobe)

측두엽은 언어 이해, 청각 처리, 그리고 기억 형성에 중요한 역할을 한다. 몰입 독서와 토론 과정에서 새로운 정보를 듣고, 습득하고, 기억하는 활동들은 모두 측두엽을 자극한다. 특히 측두엽에 위치한 해마(hippocampus)는 기억 형성에 중요한 역할을 하는데, 독서와 토론을 통해 메타인지 되어 학습된 내용이 해마를 통해 장기 기억으로 저장될 가능성이 높아진다. 책을 단순히 읽기만 하면 90% 내용이 망각된다고 하는데, 토론을 통해 장기기억으로 변환될 수 있다니, 이는 당신의 뇌가 주는 축복이다. 그러니 토론을 안할 이유가 무엇이겠는가?

경청의 뇌, 베르니케 영역의 활성화

커뮤니케이션을 잘한다는 것은 잘 듣는다는 이야기와 같다. 말을 잘하는 것도 중요하지만, 사람의 마음을 열어주는 것은 진심 어린 경청에 있기 때문이다. 내 안에 있는 이야기를 한다고 가정해보자. 내 마음과 내가 중요하게 생각하는 것을 이해해 주는 사람과 대화하면 어떨 것 같은가? 시간이 어떻게 지나는지도 모르게 쏜살같이 지나간다. 사람의 말을 이해하고 듣고 경청하는 데는 좌측 측두엽에 있는 베르니케 영역이 담당한다. 독서 모임에서 책을 읽고 이를 토대로 토론을 나누는 과정은 위에 이야기한 브로카 영역과 베르니케 영역을 지속적으로 자극하며 강화한다. 그 덕분에 책을 읽고 그 책에 대해 사유하고 대화하고 토론을 이어나간 사람들은 경청을 잘하게 된다. 독서 모임에서 독서 토론 시간을 통해 지적인 커뮤니케이션을 꾸준히 하다 보면 단순히 책을 읽기만 한 사람보다 훨씬 더 빠르게 지적 능력을 키울 수 있으며, 혼자가 익숙해져

버려 커뮤니케이션 능력이 점점 떨어지고 있는 시대에 빛나는 커뮤니케이션 능력을 키워 어디서나 눈에 띄고 인정받는 사람이 될 수 있다.

두정엽 (Parietal Lobe)

두정엽은 공간 인식, 감각 정보 처리, 그리고 주의 집중과 관련이 있다. 책을 읽고 토론하는 과정에서 다른 사람의 말을 경청할 수 있는 주의 집중력, 그리고 시각적, 공간적 정보를 처리하는 두정엽을 활용해 독서토론이 주는 환경적 에너지와 주변 인식 능력 또한 좋아질 수 있다. 내가 독서토론에 참여해 보면서 느낀 점은 독서토론 자체도 좋지만, 그 공간에 모인 사람들의 에너지를 받는 것 또한 무시할 수 없다는 것이다. 그 공간의 에너지를 인식하고 또다시 그 에너지를 받기 위해 매주 꾸준히 참여할 수 있는 힘! 이 모든 것은 두정엽과 관련이 있다. 당신의 주의력이 요즘따라 자꾸 결핍되는 듯 보이는가? 독서 모임에 나가 다른 사람의 이야기를 경청해 보라! 순식간에 주의 집중력이 좋아질 것이다. 독서토론 환경과 참여 습관은 전두엽, 측두엽, 두정엽 모두에 긍정적인 영향을 미치며 전반적인 인지 기능과 사회적 능력을 향상시키는 데 큰 도움을 준다. 운동과 식습관을 꾸준히 하면 몸에 식스팩을 비롯한 선명한 근육들이 자리 잡듯, 독서 토론 습관을 지속적으로 유지하는 것은 나의 뇌에 식스팩을 만드는 것과 같은 효과를 준다.

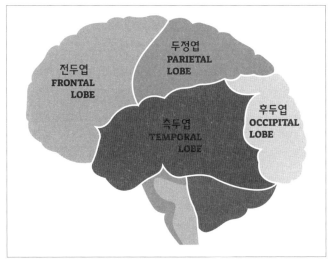

뇌의 각 부위와 명칭

반대로 자기 전 마지막 하는 일, 일어나자마자 바로 하는 일, 짬나는 시간마다 하는 일이 스크린(스마트폰, 컴퓨터, TV 등등)을 보는 것이라면 당신은 머지않아 다음과 같은 문제들을 만나게 된다.

- 1. **전두엽 기능 저하** : 계획성과 조직력이 떨어지고 충동 조절이 어려움.
- 2. **두정엽에 해마 위축** : 기억력 저하와 인지 기능 감소.
- 3. **편도체 과활성화** : 불안감과 스트레스 증가.

내 인생을 변화시키는 것은 의지가 아니라 내 안에 잠든 두뇌다. 내 인생이 내가 원하는 방향대로 가고 있지 않다면 그것은 내 뇌가 원하는 인생을 만들어갈 능력을 아직 갖추지 못했기 때문이다. 내가 원하는 인생에 어울릴만한 근사한 뇌를 갖고 싶다면 지금이라도 당장 내 뇌를 변화시켜야 한다. 당신의 뇌는 당신이 어떤 습관을 갖고 있느냐에 따라 얼마든지 변화될 수 있다.

뇌를 이해하고 훈련하는 방법을 알게 된다면 모든 가능성이 열린 위대한 삶으로 한 걸음 내디딜 수 있다. 독서와 토론 습관은 뇌를 재훈련하고, 극적인 인생으로 만들어가는 완벽한 첫걸음이다. 당신의 뇌는 이미 끊임없이 변화를 요구하고 있다. 성공이 고픈 뇌에게 최상의 먹거리인 인생템! 독서 토론을 시작해 보라. 이제 뇌가 원하는 방향으로 인생의 첫 터닝포인트를 만들어보는 것은 어떤가?

어느 날 우연히 나에게 ADHD약을 처방했던 정신과 의사를 만나게 되었다. 나를 바라보고 해맑게 웃으며 "요즘 어떻게 지내세요?"라는 물음에 "아침저녁으로 눈 뜨자마자 책을 읽고, 매주 독서 토론을 나가니 ADHD가 정말 좋아졌습니다."라고 대답했다. 그분은 환하게 웃으시며 "맞아요. 독서와 토론이 ADHD에 정말 많은 도움이 됩니다."라고 말씀하셨다. 그분과 작별을 하고 곰곰이 생각해 보니, 그분은 석 달이 넘는 치료 기간 동안 한 번도 독서에 대한 말씀하신 적이 없었다.

나중에 스스로 연구 자료를 찾아보니 성인 ADHD를 가진 사람들이 독서와 토론 습관을 통해 뇌 기능을 개선한 사례가 있었다.

한 연구에서는 성인 ADHD 환자들이 매주 독서 모임에 참여하고, 책에 대해 토론하는 과정을 통해 전두엽 기능이 크게 향상되었음을 보여준다. 참여한 이들은 시간 관리 능력과 집중력이 개선되었으며 충동 조절 능력도 향상되었다.

디지털 원주민
Vs 디지털 중독자

⭕ 초등학생 아이가 미라클모닝을 하는 이유

"선생님 저는 3시에 일어나요."

초등학생 5학년 아이가 강의 중 나에게 말했다.

"일찍 일어나는 것은 성공하는 사람의 중요한 습관인데 그것을 벌써 하고 있다니 너무 대단하다. 하지만, 너무 잠을 자지 않으면 성장이 어려우니 6시까지는 자야 해."

나는 엄지를 치켜들며 아이에게 말했다. 아이는 절대 안 된다는 제스처를 하며 나에게 대답했다.

"3시에 일어나야 게임을 할 수 있어요. 엄마 아빠가 자고 있거든요."

아이들에게 3시간의 자유시간을 주면 3시간 동안 게임, 유튜브, TV를 보는 데 쓴다. 중학생과 고등학생으로 나이가 들수록, 그리고 남자아이일수록 그 시간은 더욱 늘어난다. 게임이나 유튜브를 잠금기능을 해서 격리하고 싶지만, 아이들은 거짓말을 하면서까지, 심지어 잠을 줄이고 학원을 빠져가며 PC방으로 향한다. 아이를 사랑하는 마음이 있지만, 아이의 가능성이 이렇게 빛바래져 버린다는 생각에 마음이 무겁다. 숙제도 안 하고 책도 읽기 싫어하는 아이 앞에서 나는 어떤 미래를 이야기해야 하는 걸까?

청년들은 더 심하다. 해야 할 일을 미룰 수 있는 데까지 미루고 마감이 임박해서야 헐레벌떡하는 벼락치기 대학생들이 가득하다. 시간을 충분히 들이지 못했기 때문에 제시간에 제출을 못 하는 것은 기본이고, 그 작업물의 수준까지도 별 볼 일 없는 경우가 많다. 친구 딸은 그렇지 않다는데, 왜 내 주변에는 이렇게 게으른 아이들이 많은 걸까?

○ 디지털 네이티브와 포노사피엔스의 꿈

최재붕 교수는 5년 전《포노사피엔스》에서 새로운 시대들이 다가온다고 했다. 핸드폰으로 검색되지 않는 가게는 어려움을 겪게 되었고, 핸드폰에 노출이 잘되는 가게는 문전성시를 이루게 되었다. 이전의 X세대나 베이비붐 세대가 포노사피엔스들의 문화를 이해하고 시대에 적응을 넘어 시대에 올라타라고 이야기했다. 뇌발달이 활발한 어린 시절부터 인터넷 게임을 많이 즐긴 세대들이 기술에 대한 이해를 바탕으로 운전, 전쟁, 나라 경영 등 특별한 뇌의 경험을 했다고 한다. 그들만이 만들어 낸 문화를 이해하고 그 문화들을 사용할 수 있어야 한다고 이야기했다. 포노사피엔스의 레벨을 정해서 단순히 전화, 메신저, 검색, 카메라의 기능으로 스마트폰을 쓰지말고, 레벨을 올려 스마트폰으로 시스템 개발과 비즈니스 모델을 구축하라고 했다. 포노사피엔스 세대가 새로운 진화라며, 거기에 있는 작은 부작용들은 감수하고서라도 새로운 진화의 세대와 함께하라고 했다.

물론, 스마트폰이 우리 사회에 끼친 긍정적인 영향이 아주 크다. 하지만, 사람들의 뇌에 끼친 부작용이 그렇게 작은 것이 아니다. 스마트폰을 통해 우리가 지불해야 하는 대가는 단순히 중독성 때문에, 시간을 허비하게 되는 수준이 아니다. 우리가 지불해야 하는 것은 자살률 1위, 우울증 1위, 출산율 0.72, 인구소멸이다. 4차 산업을 만드는 사람이 아니라 4차 산업에 공략되고 소비되는 뇌로 만들어 진다. 일에 집중을 못하고 해야 할 일을 잘 하지 못하며, 대면 공감능력이 떨어지고 절제력이 떨어지며 자극적인 것에 소비가 늘어난다.

1.5kg의 뇌는 태어날 때 300g 정도이다. 태어나서 8개월 동안 300g이 자라서 2배 커진다. 그 뒤 2년 동안 300g이 자라서 1.5배 커지고, 19세가 되는 약 16년 동안 나머지 300g이 자란다. 결정적인 시기에 스크린에 과도하게 노출된 아이들은 포노사피엔스가 되었겠지만, 그보다 더 큰 문제들이 발생했다. 육아하는 부모들의 구원자로 불리는 유튜브 채널들의 콘텐츠를 보면, 아이들의 관심을 끌 수 있도록 4~5초 만에 한 번씩 화면이 바뀐다. 아이들을 밥

먹일 때나, 집안일을 할 때 잠깐 켜 놓는 것은 큰 문제가 안 되지만, 지속적으로 화면에 노출이 되면 시각적인 자극을 담당하는 후두엽 쪽에만 시냅스가 많이 형성되고, 생각하고 상상하고 감정을 절제하고, 감정을 공감하는 전두엽과 측두엽 쪽은 시냅스가 많이 형성되지 않는다.

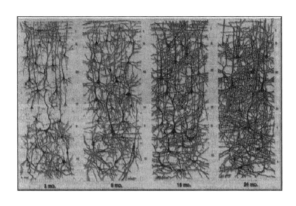

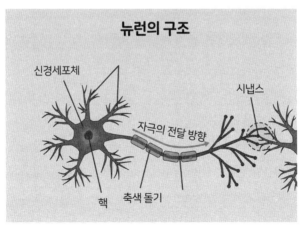

시냅스와 뉴런의 구조

이렇게 집중력과 절제력이 떨어진 사람들을 위해 콘텐츠도 점점 짧아지는 경향이 강해졌다. 최근 들어서는 유튜브, 인스타그램, 페이스북, 틱톡 사람들이 주로 소비하는 영상 콘텐츠를 다루는 플랫폼들이 짧은 영상인 숏폼을 주 콘텐츠로 사용하고 있다. 이렇게 짧고 과도한 자극에 익숙해진 사람들의 뇌는 두뇌 부작용이 더욱 심해진다. 뇌가 가진 기능을 다 발휘하는 것이 아니라 콘텐츠에 절여진 뇌가 이끄는 대로 인생을 살게 된다.

우리나라 경제가 안 좋아서 자살률과 출산율이 높아졌다는 사람들도 있다. 일리가 있는 말이다. 하지만, 그렇다면 6·25전쟁 후에 폐허가 된 1950년대에 베이비붐이 일어난 것은 왜 그랬을까? 어떤 사람은, 그때는 아이들이 자산이라고 생각해서 많이 낳았다고 주장한다. 어떤 사람들은 교육을 받지 않았기 때문에 그냥 아이를 무식하게 많이 낳은 것이라고 한다. 어느 정도 일리가 있는 말이다.

하지만 나는 사람들의 치열하게 사는 삶에 있었다고 생각한다. 전쟁으로 참혹한 상황에서 이 땅에 많은 사람이 죽었고, 남겨진 사람들은 이에 대한 보상심리로 형제가 많은 가정을 꿈꾸었기 때문에 그런 치열한 삶을 살았다고 생각한다. 그리고 자신의 인생을 바꾸기 위해, 더 많은 기회를 잡기 위해, 지금보다 더 나은 삶을 살기 위한 향상심이 강했기 때문에 스스로 삶을 향한 절제력과 의지력을 불태울 수 있었다. 잘살아보고자 자신이 가진 모든 것을 끌어내 세상에 도전했던 정신을 지녔던, 바로 그런 세대가 우리나라에는 있었다.

요즘의 디지털 원주민 중에서도 다른 길을 선택하는 사람들이 있다. 디지털 콘텐츠의 자극을 피해 자신의 삶을 설계하는 사는 사람들이 점점 늘어나는 추세다. 마라톤 대회는 신청하면 5분 만에 모집이 마감되고, 여기저기서 아침에 일찍 일어나 운동을 하고 책을 읽는 사람들이 생기기 시작했다. 삶에 몰입과 책임감과 절제력이 높아서 자신의 업무를 탁월하게 해내는 사람들이 있다. 자신의 뇌를 스스로 원하는 것을 이루기 위한 도구로 활용하고, 스스로의 몸을 기꺼이 단련하고, 인터넷과 책을 통해 전방위적으로 지식을 습득하고 내 것으로 활용하는 사람들이 있다. 인생을 업그레이드하기 위한 불편함을 기꺼이 감수하고, 남들보다 2~3배 시간에 몰입해서 사는 사람들이 세상의 부를 끌어모으고 있다.

여러분이 원하는 삶은 무엇인가? 디지털 원주민과 같은 디지털 사용력을 성장과 몰입에 사용해 현재 우리가 가지고 있는 기회들을 만들고 이루어 내는 삶을 살고 싶은가? 아니면 디지털 중독자가 되어 내 삶에서 '진짜 중요한' 것들을 놓치고, '중요하게 여겨지는' 것들만 좇으며 살 것인가? 당신의 뇌에 그 해답이 있다.

지배당하는 뇌의 삶으로 입장한 사람들

수년 전, 유치원에 막 입학한 아들과 함께 집 앞 마트에 갔다. 아내가 요청한 물품을 사러 갔는데 마트 입구에 들어서자마자 아들이 내 손을 끌어당기며 조르기 시작했다. 아들은 마트 입구에 진열된 사탕을 가리키며 사달라고 졸랐다. 그 사탕의 이름은 '푸쉬팝'이었다. 다른 사탕보다 가격도 비싼데 아이가 하도 떼를 쓰는 통에 사 줄 수밖에 없었다. 사탕을 들고 신나서 집으로 돌아온 아들은 몇 번 먹어보더니 맛이 없었는지 다 먹지도 않고 식탁 위에 올려두었다.

이런 일이 몇 번이 반복되자 우리 집 냉동실 한쪽에는 먹다 남은 푸쉬팝 사탕들이 쌓여만 갔다. 할아버지와 갔을 때도, 할머니와 갔을 때도, 엄마와 갔을 때도, 아이는 다 먹지도 않을 맛없는 사탕을 사달라고 졸랐다. 도대체 우리 아들은 왜 이렇게 먹지도 않는 사탕을 계속해서 사는 것일까? 알고 보니 아이가 자주 보는 유튜브 알고리즘 광고에 계속 노출되어 마트만 가면 똑같은 사탕을 계속 사 오는 것이었다.

뇌는 우리 몸무게의 2%에 불과하지만 우리 몸의 에너지의 20%를 사용하고 있다. 우리 몸속 어떤 장기도 이 정도의 에너지를 사용하는 것은 없다. 그러므로 뇌는 스스로 에너지를 아끼는 쪽으로 시스템이 전환된다. 항상 완전가동을 하는 것이 아니라 절전모드를 상태를 유지하고 있는 것이다. 생각이 너무 많아지면 금세 피곤해지거나 달달한 게 생각나는 것도 뇌가 절전모드를 유지하고 싶은 본능 때문이다. 뇌가 절전모드 유지를 위해 무의식적으로 생각들을 떠오르게 하는 패턴들을 '자동 생각'이라고 하는데 자동 생각이 일어날 때는 이성적인 생각보다는 감정적이고 직관적으로 익숙한 것들을 선택해 버린다.

자주 보는 것은 나도 모르게 친밀하게 느껴지고, 유튜버가 좋다고 하면 나도 좋은 것으로 느껴지고 그것을 욕망하게 된다. 자동 생각으로 의사구매 결정을 한 것이 손해를 보는 행동이었다고 해도 스스로 합리화하며 손해를 기꺼이 감수하는 비효율적인 모습도 보인다. 거기에 우리의 열등감과 비교의식이 추가된다면 손해의 소용돌이 속에서 내 삶은 점점 바닥으로 내리꽂히게 된다.

어느덧 일상에서 물건을 구매할 때 후기가 몇 개 달렸는지 확인한 후 사는 것이 기본이 되었다. 좋은 후기가 많이 달려 있으면 구매하는 제품에 대한 저항력이 사라진다. 세상에서 가장 맛있는 음식을 만들 줄 아는 장인이 차려 준 식당 음식보다 줄 서서 먹는 음식점이 더 맛있게 보인다. 이런 현상을 '밴드웨건 효과(Bandwagon effect)'라고 부른다. 밴드웨건 효과란 많은 사람들이 구매하는 것을 구매하고 싶어 하는 심리상태를 말한다.

수많은 광고, 영업, 무인 아이스크림 가게, 호텔, 백화점, SNS, 게임 산업군에 종사하는 대기업들은 우리 뇌의 자동 생각들을 무장 해제시켜 매출을 극대화하고 있다. 자동 생각을 잘 활용할 줄 아는 능력으로 무장한 최고의 뇌과학자, 심리학자들과 함께 상품과 서비스를 기획하고 만들어가기 때문에 당신은 그저 자동 생각에 이끌려 필요 이상의 소비를 하게 될 확률이 높아졌다. 그들의 목적은 그들이 만든 상품이나 서비스를 통해 우리의 습관을 통제하는 것이다.

자동 생각 습관은 두뇌의 깊숙한 곳에 기저 신경절(basal genglia)에 자동 반응들을 저장해 두는데, 그들의 상품과 서비스는 꼼꼼하고 효율적인 선택을 하는 이성 영역이 아닌, 이 기저 신경절을 건드려 무의식 습관처럼 바로 실행하게끔 만들어진다. 마치 손톱을 무의식적으로 물어뜯는 것과 같이 그렇게 감정적으로 제품을 구매하게 된다. 이런 방식으로 계속 상품과 서비스에 노출되면 어떤 일이 일어날까? 내 의지와 상관없이 마음속에 그 제품과 서비스에 대한 가치와 신뢰도가 높아진다.

중요한 것은 빈도다. 아무리 짧은 시간이라도 반복적으로 노출된다면 뇌는 그것을 아주 중요한 것으로 판단해 버린다. 그리고 그 제품의 원가나, 객관적 가치, 필요성 등과 상관없이 자동적이고 무의식적으로 결제를 한다.

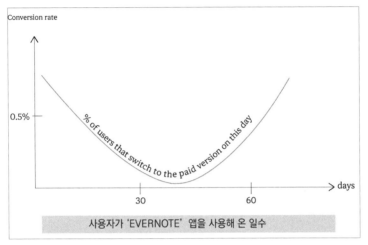

앱의 사용 날짜와. 유료결제 간의 상관관계를 보여주는 스마일 그래프
(Source: https://www.slideshare.net/harriken/the-art-of-being-creative)

1940년대 미국의 두 과학자가 쥐를 대상으로 실험을 했다. 쾌락을 느끼는 부분인 두뇌 측좌핵(nucleus accumbens)에 전기 장치를 달고 버튼을 누를 때마다 전기가 흐르게 한 것이다. 시간이 지날수록 쥐들은 그 버튼을 누를 때의 전기 자극에 중독되고 말았고, 음식과 물도 포기하고 심지어 고통스러운 과정을 겪으면서도 그 버튼을 누르러 갔다.

수년 뒤 다른 연구자들이 인간에게 같은 실험을 했다. 사람들은 쥐와 마찬가지로 그 버튼에 중독되었다. 심지어 그 기계가 꺼져 있어도 계속 버튼을 눌렀다. 결국 그들 중 일부는 기계와 억지로 격리해야 할 정도로 심각하게 중독된 상태가 되었다. 스탠퍼드 대학교의 브라이언 넛슨(Brian Knutson) 교수는 이러한 현상의 원인을 밝혀냈다. 사람들은 쾌락에 중독되는 것이 아니라 '쾌락을 기대하는 것'(갈망, 고통)을 없애고 싶어서 쾌락 행동에 중독이 된다는 것이다. 그리고 그 행동이 반복된다면 앞서 말했듯이 우리의 뇌는 그 중독 행동에 관련된 것들을 점점 중요한 것으로 받아들이게 된다.

당신이 아침에 일어난 후 가장 먼저 하는 일은 무엇인가? 만약 스마트폰을 확인하는 것이라면 이미 여러분의 습관은 보이지 않는 중독을 일으키는 그들에 의해 만들어져 있을 확률이 높다. 스마트폰 속 애플리케이션은 우리의 도파민을 분출하게 만들도록 많은 장치들을 걸어두었다. 현실에서 받는 스트레스나 고통을 경감시켜주는 것이거나, 내 심리적 만족감을 주는 콘텐츠(혹은 둘 다)들은 나도 모르게 도파민을 분출하게 한다. 도파민이 분출될수록 자꾸 그 애플리케이션을 실행하게 한다. 반복된 애플리케이션 사용은 내 뇌의 깊은 곳을 자극해 무의식적 중독 습관을 형성하고 당신에게 돈을 요구할 것이다. 당신이 필요한 것들이 아닌, 당신에게 반복 노출된 그것들을 사용하도록 동기부여 할 것이다.

우리를 중독으로 이끌어 습관까지 지배해 버리는 것은 우리 뇌가 느끼는 '가변적 보상' 때문이다. 사용자 경험(UX), 행동경제학, 신경 과학을 아우르는 행동 디자인(behavioral design) 분야의 세계적 권위자 니르 이얄(Nir Eyal)의 저서《훅: 습관을 만드는 신상품 개발

모델》에 보면, 가변적 보상(Variable Rewards)은 사용자가 제품에 더 오래 머물고 반복적으로 사용하도록 만드는 치트키다.

니르 이얄은 가변적 보상을 세 가지 형태로 분류한다.

1. 종족의 보상 (Rewards of the Tribe) : 우리가 어떤 민족입니까?

- 사회적 보상과 관련된 것으로, 사람들과의 상호작용이나 인정, 존중 등을 통해 얻는 보상이다.
- **예시** : 소셜 미디어에서의 '좋아요', 댓글, 팔로워 수 증가 등이 이에 해당한다. 이러한 보상은 사용자가 계속해서 플랫폼에 참여하도록 유도한다.

2. 수렵의 보상 (Rewards of the Hunt) : 오늘도 득템

- 자원을 찾거나 수집하는 데서 얻는 보상이다. 이는 정보, 돈, 물건 등을 찾는 데서 오는 성취감과 관련이 있다.
- **예시** : 뉴스 사이트에서 새로운 기사를 찾거나, 쇼핑 사이트에서 할인 상품을 발견하는 것이 이에 해당한다. 이러한 보상은 사용자가 계속해서 탐색하도록 만든다.

3. 자아의 보상 (Rewards of the Self): 나 혼자만 레벨업

- 개인적인 성취와 관련된 보상으로, 스스로 목표를 달성하거나 능력을 향상시키는 데서 오는 만족감을 의미한다.
- **예시** : 게임에서 레벨을 올리거나, 학습 앱에서 새로운 스킬

을 익히는 것이 이에 해당한다. 이러한 보상은 사용자가 온라인에 있는 가상 속 자신의 성장을 위해 계속해서 게임을 하도록 만든다.

이 세 가지 형태의 가변적 보상은 우리를 쉴 새 없이 자극의 소용돌이 속으로 끌어들여서 반복적으로 애플리케이션을 사용하게 한다. 아래는 우리가 가장 많이 사용하는 SNS 애플리케이션의 가변적 보상들을 모아 놨다. 여러분이 반응하는 보상이 어떤 것이 있는지 체크해 보자.

- **인스타그램, 페이스북** : 주변의 인물이나 사물의 모습을 사진으로 담고 싶다, 특별한 순간을 영원히 놓칠지도 몰라 불안하다(수렵) + 관심 있는 사람이 올리는 콘텐츠의 푸시 알람을 본다, 다른 사람들에게 내 게시물이 인정받았으면 좋겠다, 나는 이런 사람들과 어울린다.(종족) + 조회수, 팔로워, '좋아요' 수를 확인한다.(자아) + 피드를 위로 올리며 어떤 콘텐츠가 나오는지 궁금하다.(콘텐츠 자체의 가변적 보상)
- **틱톡, 릴스, 숏츠** = 예측 불가능한 매력적, 자극적 콘텐츠(콘텐츠 자체의 가변적 보상)

그 외에도 유튜브 썸네일, 기사 헤드라인에서 당신의 보상 욕구를 자극한다. 위에 말한 애플리케이션 중에 어떤 것에 반응하는가? 여러분이 이런 가변적 보상에 '사용당하고' 있다면, 여러분이 반응하는 가변적 보상을 다양한 자기계발 활동에 적용할 수 있는 방법이 있다.

1. 책을 쓰고 저자가 되기

- **종족의 보상** : 작가 모임이나 워크숍에 참여하여 피드백과 격려를 받는다. 출간 후 북토크, 강연, 라이브 방송을 통해 독자들과 소통하며 응원과 지지를 얻는다. 내 이름으로 된 책이 도서관에 진열된 것을 보고 지인에게 연락이 온다.
- **수렵의 보상** : 새로운 아이디어나 자료를 찾아내는 과정에서 성취감을 느낀다. 각 장을 완성하거나 일정 페이지 수를 달성할 때마다 작은 보상을 설정한다.
- **자아의 보상** : 자신의 글이 발전하고 책이 완성되어 가는 과정을 보며 성취감을 느낀다. 책을 출간하여 자신의 이름으로 된 저서를 갖게 되는 자부심을 얻는다.

2. 글을 써서 전문가로서 인지도를 얻기

- **종족의 보상** : 블로그나 소셜 미디어에 글을 게시하고 독자들의 반응을 받는다. 글쓰기 동호회나 온라인 커뮤니티에서 피드백을 교환한다.
- **수렵의 보상** : 새로운 주제나 흥미로운 이야깃거리를 찾는 과정에서 성취감을 느낀다. 목표한 글자 수나 분량을 달성할

때마다 보상을 설정한다.

- **자아의 보상** : 글쓰기를 통해 자신의 생각과 감정을 표현하고 성장하는 과정을 느낀다. 글이 완성되거나 발표될 때 성취감을 느낀다.

3. 사업에서 성과 내기

- **종족의 보상** : 사업 네트워크나 창업 지원 프로그램에 참여하여 다른 사업가들과 교류하고 지지와 피드백을 받는다. 고객의 긍정적인 반응과 리뷰를 통해 보상을 받는다.
- **수렵의 보상** : 새로운 시장 기회나 혁신적인 아이디어를 발견하고 이를 사업에 적용하는 과정에서 성취감을 느낀다. 매출 목표나 프로젝트 목표를 달성할 때 보상을 설정한다.
- **자아의 보상** : 자신의 사업이 성장하고 성공하는 과정을 보며 성취감을 느낀다. 사업을 통해 자신이 설정한 목표를 달성하며 자기 발전을 이룬다.

4. 인플루언서 활동으로 많은 사람에게 나를 알리기

- **종족의 보상** : 팔로워들과의 소통을 통해 지지와 피드백을 받는다. 팬들로부터 긍정적인 반응과 응원을 얻는다.
- **수렵의 보상** : 새로운 콘텐츠 아이디어를 찾고 이를 제작하는 과정에서 성취감을 느낀다. 목표한 팔로워 수나 조회수를 달성할 때 보상을 설정한다.

- **자아의 보상** : 자신의 콘텐츠가 인기를 얻고 영향력을 발휘하는 과정을 보며 성취감을 느낀다. 자신의 영향력을 통해 사회에 긍정적인 변화를 일으키는 것을 느낀다.

5. 독서 모임으로 뇌 업그레이드 하기

- **종족의 보상** : 독서 모임에 참여하여 책을 읽고, 그 내용을 다른 사람들과 토론하면서 인정과 피드백을 받는다. 독서 모임 구성원들과의 교류를 통해 지지와 응원을 얻는다.
- **수렵의 보상** : 새로운 책이나 흥미로운 자료를 발견하고 이를 모임에서 공유하며 성취감을 느낀다. 모임에서 다룰 책을 선정하거나 추천하는 과정에서 보상을 얻는다.
- **자아의 보상** : 독서를 통해 새로운 지식을 습득하고 자신의 관점을 넓히며 성장하는 과정을 느낀다. 독서 목표를 달성하고 책을 완독하는 성취감을 얻는다.

6. 운동으로 더 멋있고 예뻐지고 더 많은 에너지 얻기

- **종족의 보상** : 운동 동호회나 그룹 운동에 참여하여 함께 운동하는 사람들과의 교류와 지지를 받는다. 운동 목표를 공유하고 성취를 축하하면서 보상을 얻는다.
- **수렵의 보상** : 새로운 운동 방법이나 기구를 시도하면서 성취감을 느낀다. 목표한 운동 시간이나 칼로리 소모량을 달성할 때 보상을 설정한다.

- **자아의 보상** : 체력 향상, 체중 감소 등 개인적인 운동 목표
  를 설정하고 이를 달성하면서 자기 자신에 대한 만족감을 느
  낀다. 운동 일지를 작성하여 자신의 발전 과정을 시각적으로
  확인한다.

당신이 사용하는 네이버, 유튜브, 인스타 등등 많은 SNS에서는
당신의 성향과 취향을 실시간으로 학습하고 있다. 당신의 홈 화면
이 가장 당신의 뇌를 잘 알고 있다. 당신의 뇌는 반복적이고 가변
적인 보상에 강하게 반응하여 쉽게 중독 습관을 만들어 낸다. 당신
이 원하는 보상을 이해하고 내 삶에 도움이 되는 대체재로 바꾼다
면 당신의 삶은 매년 달라질 것이다. 자기계발과 성장에서도 이러
한 메커니즘을 활용해 지속적인 동기부여와 성취감을 느끼며 목
표를 달성할 수 있다.

중요한 것은 당신의 행동을 지배하는 뇌의 힘을 인식하고 긍정
적인 방향으로 바꾸어 나가는 것이다. 자동 생각 습관의 형성 원리
를 이해하고 적용하여 우리는 더 나은 선택을 하고, 지속적으로 발
전할 수 있다. 당신의 일상에서 가변적 보상을 활용해 작은 목표를
세우고, 이를 달성함으로써 성취감을 느끼는 습관을 길러보자.

나의 뇌가
해킹 당하고 있다

○ 당신의 뇌가 해킹 당하고 있다

　세계 시가총액 기준으로 10위를 뽑으면 대부분 IT 기업들이다. 이들 기업은 높은 연봉으로도 유명하다. 그런데 이 기업들이 앞다투어 고용하는 인재들이 있다. 네이버, 페이스북, 인스타그램, 유튜브 같은 SNS플랫폼과 유명한 게임 회사들에는 사람들을 중독시키는 것(오래 머무르도록)을 관리하는 전문가들이 있다. 이 전문가들은 사람들이 더 많이 접촉하고 오래 머물 수 있도록 설계된 기능들을 담당한다.

〈현재 세계 시가총액 상위 10개 기업 중 IT 관련 기업〉

- Apple Inc. - $3.51조
- Nvidia Corporation - $3.44조
- Microsoft Corporation - $3.16조
- Alphabet Inc. (Google) - $2.01조
- Amazon.com Inc. - $1.96조
- Meta Platforms Inc. - $1.44조
- Taiwan Semiconductor Manufacturing Company (TSMC) - $8560억

– 2024 상반기

**엔비디아와 TSMC 반도체 생산을 통해 IT 기기의 핵심 부품을 공급하며, 첨단 기술과 높은 시장 점유율을 바탕으로 IT 산업 전반에 걸쳐 중요한 역할을 하고 있음

이러한 전문가들은 주로 뇌 과학자나 인지심리학자들로 이루어져 있다. 미국 노동통계국(BLS)에 따르면, 인지심리학자와 관련된 직종의 평균 연봉은 2022년 기준 1억 1,512만원이며, 산업 심리학자의 경우 평균 1억 8,791만원에 달한다. 이러한 직종은 2022년에서 2032년 사이에 계속 성장할 것으로 예상된다. 이들은 최신 뇌과학과 심리학을 기반으로 애플리케이션을 개발한다. 사용자들

의 뇌 반응을 예측하고 그에 따라 인터페이스와 기능을 설계하는 것이다. 여러분은 과연 이들의 뇌에 대한 이해도를 따라갈 수 있을까? 쉽지 않을 것이다.

요즘 넷플릭스를 비롯한 많은 OTT서비스들이 AI를 활용하여 더욱 정교한 사용자 경험을 제공하고 있다. 이들은 자신들만의 AI 알고리즘을 사용해 사용자들이 앱을 더 많이 사용하게 하고, 그곳에 더 많은 시간을 소비하게 만든다. 예를 들어, 넷플릭스에서는 여러분이 어떤 콘텐츠에서 얼마나 머물러 있었는지 모두 분석한다. 넷플릭스의 추천 시스템은 여러분과 비슷한 나이대, 비슷한 지역, 비슷한 취향의 사용자가 좋아할 만한 콘텐츠를 정확히 예측해 제공함으로써 더 많은 시간을 플랫폼에 머물도록 유도한다.

뇌 전문가들은 우리가 심리적으로 무엇을 해야 안정되는지, 어떤 정보가 있어야 불안감을 조성할 수 있는지, 어떻게 해야 더 편안하고 동기부여를 받을 수 있는지, 그리고 어떤 행동을 통해 행복감을 느낄 수 있는지 알고 있다. 이러한 지식을 기반으로 애플리케이션은 사용자들이 스트레스를 받으면서도 자연스럽게 핸드폰을 켜고 어플을 사용하게 만든다. 우리는 우리의 뇌가 어떤 방식으로 작동하는지 잘 이해하지 못하지만, 애플리케이션 개발자들은 이러한 뇌의 작동 방식을 철저히 이해하고 있다.

◯ 일상 속의 뇌 해킹

여러분의 하루를 돌아보자. 얼마나 많은 애플리케이션을 얼마나 오랫동안 사용하는가? 더욱 놀라운 것은 애플리케이션들이 우리의 뇌에 맞춰 설계된다는 것이다. 예를 들어, 대부분의 어플은 아래에서 위로 스와이프하는 방식으로 설계되어 있다. 이는 우리의 뇌가 아래에서 위로 정보를 수집하도록 발전했기 때문이다. 이런 작은 기능들마저 우리의 뇌를 이해하고 설계된 디테일이다.

게임에서도 마찬가지이다. 아이들이 많이 즐기는 무료게임이나, 유튜브는 중간에 광고를 많이 봐야 한다. 아이들이 보는 광고에서 가장 많이 광고하는 것들은 소위 '중국산 양산 게임'들이다. 이 게임들은 무료로 플레이를 시작하게 하고, 일정 시점에 지루함을 느끼게 하며, 소액 결제를 유도한다. 이는 사용자가 게임에 투자한 시간과 노력을 매몰 비용으로 생각하게 만들어, 점점 더 많은 돈을 쓰게 만드는 전략이다. 사용자는 이미 게임에 많은 시간을 투자했기 때문에, 점점 그 게임을 가치 있게 생각하게 된다. 그리고 그 가치 있다고 생각하는 데이터를 유료로 구매하게 된다.

게임 회사들의 이러한 전략은 매우 정교하게 설계되어 있다. 초기에는 사용자들이 무료로 게임을 즐길 수 있도록 다양한 혜택을 제공한다. 사용자는 게임을 진행하면서 초반에는 많은 보상을 받고 쉽게 게임을 한다. 어느 정도 게임에 내 시간을 매몰시키게 되면 게임의 진행 속도가 느려진다. 사람들이 게임의 진행이 불편해지려는 순간, 소액 결제를 통해 게임을 더욱 빠르게 진행할 수 있는 아이템을 특가 상품으로 화면에 보여준다. 이렇게 작은 금액으로 시작된 결제는 점점 더 큰 금액으로 이어지며, 게임에 많은 돈

을 쓰게 된다. 뇌에서 도파민의 작용원리와 심리학의 '풋인더도어
(Foot in the door) 효과'를 결합한 매우 효과적인 BM(Business Model)
이다. 이렇게 벌어들인 돈은 다시 광고비에 투자하여 뇌가 발달하
지 못한 다른 아이들을 다시 끌어들인다.

○ 소셜 미디어와 소비

소셜 미디어는 어떨까? '좋아요' 기능이 없는 SNS를 본 적이 있
는가? 이 '좋아요' 기능은 콘텐츠를 올리는 사람들에게 강력한 보
상을 제공한다. 인스타그램에 사진을 올리고 '좋아요'를 받으면 더
많은 콘텐츠를 올리고 싶어지며, 양질의 콘텐츠를 만들기 위해 더
많은 시간과 돈을 소비하게 만든다. 이렇게 만들어진 양질의 콘텐
츠는 다시 많은 사용자에게 제공되며 플랫폼은 이를 통해 더 많은
상호작용을 유도한다.

우리나라의 소비 양극화도 이와 관련이 있다. 사람들은 인스타
그램에 올릴 만한 소비를 하기 위해 일상에서는 절약하고, 특별한
소비를 위해 큰돈을 쓴다. 이러한 양극화된 소비 패턴은 SNS가 사
람들에게 좋은 모습만 보여주도록 유도하기 때문이다.

예를 들어, 평소에는 저렴한 음식으로 끼니를 때우다가도, 특별
한 날에는 고급 레스토랑에서 식사를 하며 그 장면을 SNS에 올린
다. 영화관 시장은 점점 줄어가는데 10배 더 비싼 공연 시장은 점
점 더 커지고 있다. 영화 티켓 사진을 SNS에 올렸을 때 반응과 뮤
지컬 릴스를 올렸을 때 반응은 10배 이상 차이나기 때문이다. 이

러한 소비 패턴은 다른 사람들에게 좋은 인상을 남기고자 하는 욕구에서 비롯된다. 이는 결국 사람들의 소비 습관을 왜곡시키고, 경제적인 부담을 가중시킨다.

SNS에서는 사람들의 화려한 일상만 부각되기 때문에, 사용자는 자신의 일상이 초라하게 느껴질 수 있다. 다른 사람들은 모두 즐겁고 화려한 삶을 살고 있는 것처럼 보이지만, 정작 자신의 삶은 그렇지 않다는 생각에 빠지게 된다. 이러한 비교는 다른 사람의 최고의 날을 기준으로 평범한 내 오늘을 평가해 결국 사용자의 자존감을 낮추고, 우울감을 증가시킨다. 기억하자. 남들도 평소에는 나와 같이 계란 프라이, 된장국, 김치찌개를 먹는다.

○ 비교와 불행

예전에는 사람들이 우울한 감정도 온라인에 올려서 본인의 흑역사를 온라인에 박제하기도 했지만, 이제는 멋있고 훌륭한 모습만 사진 애플리케이션으로 보정해서 올린다. 이걸 보는 사람들은 자신의 현실과 비교하며 불행함을 느낀다.

내 인생의 판단 기준점이 남으로부터 시작된 상태에서는 그 어떤 사람도 행복할 수 없다. 영어 100점, 수학 50점인 영어 천재와 영어 50점, 수학 100점인 수학 천재가 남을 기준으로 비교한다고 하자. 영어 천재는 수학 천재의 기준으로 스스로를 평가할 것이고 수학 천재는 영어 천재의 기준으로 스스로를 평가할 것이다. 나의 천재적인 부분은 가려지고 부족한 실력만이 부각된다. 자신을 깎

아내리며 내가 재능이 없는 부분으로 재능 있는 사람과 비교하려 할 것이다. 더 많은 노력을 할 것이고 노력한 만큼 더 많이 절망할 것이다.

비교는 불행의 시작이다. SNS를 통해 우리는 다른 사람들의 삶을 엿보게 되고, 그들의 화려한 일상과 나의 현실을 비교하게 된다. 이는 우리의 자존감을 낮추고, 스스로를 불행하게 만든다. 우리는 다른 사람들의 성공과 행복을 보며 자신이 부족하다고 느끼게 된다.

행복의 지표는 외부의 환경이 아니라, 우리의 내부에서 찾을 수 있어야 한다. 학교에서 시작된 현대 사회는 끊임없이 외부와의 비교를 강요한다. 자신의 가치를 평가하게 만든다. 이러한 사회적 압력은 개인의 정신을 피폐하게 만든다. 우리는 끊임없이 다른 사람들과 비교하며 더 나은 삶을 추구하려고 하지만, 이는 노력한 만큼의 절망을 안겨 주는 끝없는 불행의 악순환을 초래할 뿐이다. 내 손안에 부러움을 내려놓자.

제임스 토니라는 복싱 역사상 3체급에서 챔피언을 따낸 전설적인 복서가 있다. 자신의 성공을 발판삼아 종합격투기인 MMA에 도전했다. 4체급을 도전해본 과거가 있어 자신만만하게 종합격투기에 도전했지만, 첫 경기에 상대 선수에게 그라운드(바닥에서 싸우는 기술)로 1라운드 만에 허무하게 패배하고 말았다. 제임스 토니는 77승 47K로 평생을 상대방을 쓰러뜨리는 것의 전문가로 살았다. 그런데 단지, 그라운드에 대한 지식이 하나 때문에 자신의 장점은 하나도 발휘하지 못 하고 결국 종합격투기에서 한 경기 만에 은퇴하고 말았다. 이와 같이 스마트폰으로 규칙 바뀐 세상에서, 우리의 뇌에 대한 최소한의 지식 없이 세상을 살고 있다.

우리가 사용하는 애플리케이션들은 우리의 뇌를 이해하고, 우리의 행동을 유도한다. 아무리 인지하고 있어도, 우리의 뇌는 비교하고, 더 나은 것만 바라보게 된다. 여러분은 사용할 것인가, 사용당할 것인가의 선택을 해야 한다. 여러분의 뇌가 해킹당할 것인가, 다른 사람의 뇌를 해킹할 것인가에 따라 여러분의 인생은 달라질 수 있다. 최소한의 뇌과학에 대한 이해를 통해 자신을 이해하길 바란다. 우리는 우리의 뇌가 어떤 방식으로 작동하는지 이해해야 한다. 그래야만 우리는 우리의 행동을 제어할 수 있다.

여러분은 지금 어떤 선택을 하고 있는가? 여러분의 뇌는 어떤 방식으로 작동하고 있는가? 여러분은 여러분의 뇌를 이해하고 있는가? 이러한 질문들에 대한 답을 찾는 것이 중요하다. 우리의 뇌를 이해하고, 우리의 행동을 제어할 수 있을 때 우리는 진정으로 자유로워질 수 있다.

내 뇌 취향을 가장 잘 맞추도록 훈련되는 사람들

○ 유튜브 운영의 변화와 콘텐츠 제작의 진화

나는 3년째 유튜브를 운영하고 있다. 처음 4년 차에 접어들 때까지는 조회수가 크게 오르지 않아 주로 나를 지지해주는 팬들만을 대상으로 활동하는 소규모 유튜버였다. 그러나 최근 들어 유튜브 활동에 더욱 열정을 쏟기 시작하면서 편집과 콘텐츠 제작에 집중하게 되었다.

이제는 콘텐츠를 만드는 사람이 많은 부와 명예를 얻는 시대이다. 과거에는 연예인들만이 누릴 수 있었던 특권이었지만, 지금은 콘텐츠 크리에이터들도 충분히 인지도라는 혜택을 누릴 수 있다. 우리나라 사람들은 가장 많은 시간을 콘텐츠 소비에 사용하고 있다. 온라인 영상, 유튜브, 인스타그램 등을 통해 정보를 얻고, 그에 엄청난 시간을 소비하고 있다.

과거에는 극소수만 즐기던 취미 활동들도 이제는 유튜브와 같은 플랫폼을 통해 대중화되고 있다. 현재 유튜브에는 시간당 엄청난 양의 콘텐츠가 생산되고 있으며, 우리나라 사람들은 상당한 시간을 유튜브 시청에 할애하고 있다. 틱톡, 페이스북, 인스타그램 같은 SNS까지 합치면, 우리가 콘텐츠 소비에 쓰는 시간은 더욱 방대해진다.

놀랍게도 모든 사람이 같은 유튜브를 사용하지만, 각자의 첫 화면은 다르게 구성된다. 이는 유튜브가 사용자의 취향을 반영하기 때문이다. 나 역시 유튜브 프리미엄을 이용해 광고 없이 콘텐츠를 시청하고 있다. 어느 날, 필자의 아들이 유튜브를 보고 있어 프리미엄 계정을 사용하라고 권했지만, 아들은 "아빠 채널은 내가 좋아하는 걸 보여주지 않아서 재미없어요"라는 대답이 돌아왔다. '아! 유튜브가 아들의 취향을 학습하고, 그에 맞춰 콘텐츠를 추천하고 있구나.'라는 깨달음을 얻게 되었다.

○ 콘텐츠 제작자들의 노력과 알고리즘

콘텐츠 제작자들은 자신의 콘텐츠를 시청하는 사람들의 나이, 성별, 취향을 고려해 가장 선호할 만한 콘텐츠를 제작하고 있다. 나보다 나이가 많은 유튜버가 구독자를 "형님~"이라고 부르거나, 어린 유튜버가 "친구들~"이라고 부르는 것은 타깃층에 맞는 콘텐츠를 생산하기 위해서이다. 또한, 이들은 썸네일 제작에 많은 시간을 투자하고 있다. 썸네일 제작에 평균 8시간이 소요되며, 반응이 좋지 않으면 여러 썸네일을 시도해 가장 반응이 좋은 것을 선택한다. 유튜브는 이제 썸네일 3개를 동시에 올려 고객 반응에 따라 가장 적합한 썸네일을 선정하는 기능까지 도입했다.

유튜브의 알고리즘은 사용자 개개인의 취향을 학습하여, 가장 적합한 콘텐츠를 제공하도록 최적화되어 있다. 이는 단순히 알고리즘만의 힘이 아니라, 콘텐츠 제작자들의 끊임없는 노력과 학습의 결과이다. 이들은 고객의 반응을 분석하고, 그에 맞춰 콘텐츠를 수정하며 발전시켜 나가고 있다.

우리는 주도적으로 검색하고, 원하는 삶을 찾아야 한다. 단순히 알고리즘에 의해 추천된 콘텐츠만 소비하는 것이 아니라, 주도적으로 나의 환경을 만들고, 시간을 활용해야 한다. 그렇지 않으면 그저 주어진 콘텐츠에 끌려다니는 삶을 살게 된다. 니체가 말하는 '초인'처럼 우리의 잠재력을 최대한 발휘해, 원하는 삶을 창조해야 한다. 이를 위해서는 뇌과학을 공부하고, 나와 다른 사람들의 뇌가 어떻게 움직이는지 알아야 한다.

니체가 말하는 '종말인'은 쾌락을 쉽게 얻고, 그에 시간을 소비하는 사람들을 의미한다. 이러한 사람들은 일하는 시간을 줄이고, 더 편하고 쉬운 길을 선택하게 된다. 우리나라에서도 이런 현상이 전 세대에 걸쳐 나타나고 있으며, 많은 공장이 사람을 구하지 못해 문을 닫고 있다. 사람들이 더 나은 것을 쉽게 얻을 수 있기 때문에 힘들게 일하려 하지 않기 때문이다. 우리는 이러한 삶의 방식을 극복하고, 주도적으로 우리의 삶을 만들어가야 한다.

유튜브를 켜고 '뇌과학'을 검색해보자. 장동선 교수를 비롯해 많은 콘텐츠들이 나올 것이다. 흥미 있는 몇 가지를 썸네일을 클릭하고 하루 5분씩만 투자해서 보면 여러분의 유튜브가 바뀐다. 이렇게 '마케팅, 세일즈, 인간관계, 자기계발, 동기부여, 운동 등등의 키워드를 내 유튜브에 학습시키자. 그러면 그 홈 화면이 여러분이 가장 흥미로울 만한 성장 콘텐츠를 공급하기 시작할 것이다. 그 콘텐츠들이 여러분의 인생의 방향을 바꿔 줄 것이다.

성공은 운이 좋은 사람에게만 주어지는 것이 아니다. 성공은 선택이고, 의무이다. 내가 가진 잠재력을 발휘해 원하는 것을 찾아가며, 주도적으로 콘텐츠를 소비하고, 나아가 새로운 콘텐츠를 만들어가는 삶을 살아야 한다. 그렇게 할 때 우리는 자신의 부와 인지도를 창조하며, 원하는 미래를 만들 수 있다. 당신이 주도적인 삶을 살기를 간절히 바란다. 여러분의 영역을 기꺼이 초월하는 여러분이 되기를 바란다. 저 멀리 다가오는 한 명의 초인을 기대하면서….

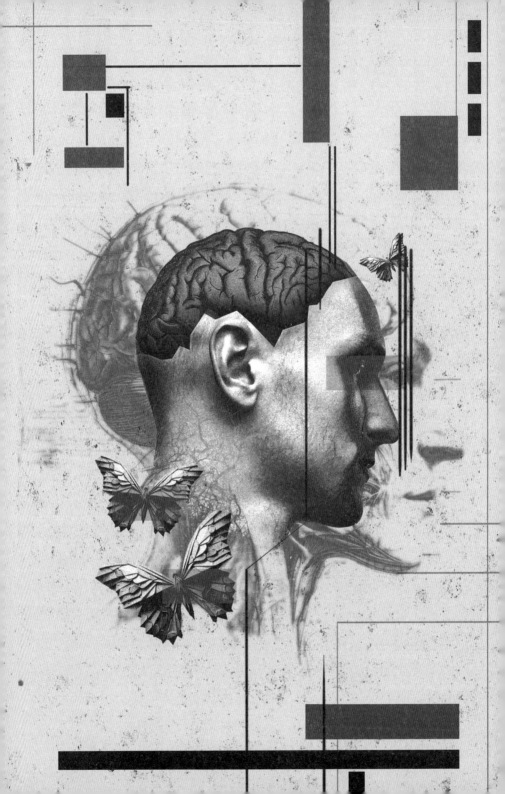

99%로 가는 길,
프레카리아트

내 인생 하나도
책임지기 힘든 세상

○ 내 인생 하나도 책임지기 힘든 세상

현대 사회에서 30~40대 남성들은 인생의 중반에 접어들면서 그 어느 때보다 큰 도전과 위기감에 휩싸여 있다. 과거에는 학교를 다니고, 대학을 졸업하고, 안정적인 직장을 얻는 것이 성공 공식으로 여겨졌지만 더 이상 그런 공식은 유효하지 않다. 4차 산업혁명, 저출산, 고령화와 같은 사회 구조적 변화들이 개인의 삶을 송두리째 흔들어 놓고 있다. 현재 우리 사회를 나타내는 통계들을 살펴보면 기존의 성공 패러다임이 어떻게 무너지고 있는지 명확히 알 수 있다.

우리나라 저출산 문제는 이미 심각한 수준을 넘어 위기 상황에 도달했다. 2023년 출산율은 0.72명으로, OECD 38개국 중 최저 수준이다. 더욱 심각한 것은 이 수치가 앞으로도 반등할 기미가 보이지 않는다는 것이다. 통계청 전망에 따르면 출산율은 2072년까지도 여전히 최하위를 유지할 것이라고 한다. 출산율이 1.0명 이하인 국가는 한국이 유일하다. 2012년에 48만 명에 달하던 신생아 수는 2023년에 신생아 수는 23만 명으로 절반이 되었다.

반면 고령화 속도는 예상보다 훨씬 빠르게 진행되고 있다. 2023년 기준으로 한국의 65세 이상 인구 비중은 18.4%에 달했고 이는 기존의 추계보다 더 높은 수치다. 2072년에는 이 비중이 47.7%에 달할 것으로 예측되어 한국은 세계에서 가장 고령화된 사회가 될 것으로 전망된다. 사랑하는 우리 아이들의 부양 부담을 크게 가중시킬 것이다.

이뿐만 아니다. 세계 최고의 자살률을 가진 나라다. 연평균 12,000명 이상 자살을 하고, 하루에 36명 이상 자살로 사망하는 나라다.

이러한 통계들은 우리 사회가 마주한 문제를 명확하게 보여준다. 당신은 이런 지표들을 보며 단순한 출산율과 인구 구조만의 문제가 아니라 사회 전반의 변화를 요구하는 신호로 해석할 수 있어야 한다. 핵개인의 시대, 각자도생의 시대, 나 하나 인생도 책임지기 힘든 세상이 다가왔다.

○ 적극적이고 대담한 변화가 필요하다

이제는 변화가 필요한 시점이다. 세상의 변화는 단순히 이전에 살아온 방식대로 살면서 평범한 삶을 꿈꾸는 것으로는 내 생존을 보장하지 않는다. 지금보다 더 나은 삶을 현실로 만들어내기 위한 적극적인 행동을 해야 한다. 과거의 성공 공식을 벗어나 스스로를 재정의하고, 자신의 가치를 창조하는 방향으로 삶을 재구성해야 한다. 스스로를 세상에 알려야 한다. 유명해지고 싶지 않다면 가상의 아바타라도 만들어서 세상에 나의 가치를 알려야 한다. 가치를 창조하기 위해 우리가 선택해야 하는 것은 불편한 일들 투성이다. 매일 내가 공부한 것들을 블로그에 올리거나, 인스타, 유튜브에 콘텐츠를 만들어 올려야 한다. 편집도 배워야 하고, 썸네일 만드는 법도 공부해야 하고, 사람들이 어떤 키워드를 주로 검색하는지 여러 트래픽 검색 사이트를 사용할 줄 알아야 한다. 이런 것을 배우는 귀찮음을 피하고 다른 사람이 만들어 준 콘텐츠를 소비하며 안전하고 편안한 본능대로 하루를 살고 싶을 것이다. 바로 이 본능을 이겨내야 한다. 하던 대로 하고 싶고, 옆 사람이 하자는 대로 하고 싶은 본능을 이기고, 나 스스로 '하고 싶은 일'을 '해야 하는 일'로 만들어 하루의 성공을 이루어내는 사람이 되어야 한다.

변화의 시작은 자신의 뇌를 어떻게 활용할지에 대한 주도권을 가지는 데 있다. 많은 뇌과학자들이 우리의 뇌가 끊임없이 변화하고 재구성될 수 있다고 밝혀내고 있다. 우리가 어떻게 생각하고 행동하느냐에 따라 뇌의 구조와 기능이 변할 수 있다. 이를 통해 우리는 우리의 생각과 행동을 재구성하여 삶을 주도적으로 이끌어 갈 수 있다.

예를 들어, 이랜드라는 기업에서 10년간 안정적으로 근무하던 이준희 씨는 퇴사 후, 스타트업 대표가 되었다. 직장인의 고민을 들어주고 도움을 주는 콘텐츠를 유튜브에 올리고, 24만 명이 넘는 구독자를 보유한 '퇴사한 이형'이라는 채널을 운영하고 있다. 책을 2권을 집필하고 전국을 다니며 강연을 하고 있다. 이준희 씨는 스스로를 재정의하고 새로운 길을 찾았다. 온라인 콘텐츠를 통해 자신의 전문 지식과 경험을 공유하며 새로운 수익 모델을 구축했다. 이준희 씨뿐만 아니라, 여행, 요리, 어학, 역사, 과학, IT까지, 이런 길을 만들어 가는 사람들은 유튜브, 인스타, 틱톡, 페이스북, 블로그 등에서 얼마든지 찾아볼 수 있다.

○ 책임지는 인생으로 변화되는 새로운 시작점에 서다

자신의 삶을 주도적으로 살아가기 위해서는 뇌에서 주는 불편함이라는 신호를 행동의 신호로 바꿀 수 있어야 한다. 불편함의 신호를 받아서 상황을 회피하는 것이 아니라 그것을 성장의 발판으로 삼아야 한다. 이는 자신의 뇌를 어떻게 활용하느냐에 따라 인생의 방향을 얼마든지 바꿀 수 있음을 의미한다. 우리의 뇌는 우리의 선택과 행동에 따라 변화할 수 있으며 그 변화는 곧 우리의 인생을 변화시킬 수 있는 원동력이 된다.

뇌의 주도권을 쥐는 것은 삶의 주도권을 쥐는 것이다. 기존에 가지 않았던 길을 가는 것에 대해 뇌가 보내는 핑계와 합리화의 신호를 벗어나라. 스스로에게 더 나은 길을 만들어가라. 이를 위해서는 자신의 생각과 행동을 재정비하고 내 뇌에 새로운 패턴을 만들어 내는 지식과 지혜가 필요하다. 신경전달 물질들, 어떤 뇌가 어떤 작용을 하는지, 그리고 그것을 어떻게 다뤄야 하는지에 대한 아주 기본적인 지식을 알아야 한다. 그 지식을 내 삶에 한 발자국 씩 적용해 갈 때, 우리의 인생을 변화시키는 첫걸음이 될 것이다.

도망가는
뇌

많은 사람들이 이렇게 말하곤 한다.

"이번 주부터 운동을 시작해야지,"

"이번 달엔 꼭 책을 끝까지 읽을 거야"

"블로그에 글을 꾸준히 올려야지."

하지만 이 계획들은 대부분 행동으로 이어지지 않는다. 블로그를 읽고, 인스타그램을 스크롤하고, 유튜브 영상을 시청하는 데는 시간을 쓰지만, 정작 자신이 콘텐츠를 만들고 자신의 삶을 변화시키는 데는 소극적이다. 불편하고 어려운 일은 미루고, 익숙하고 편안한 일에 빠져들게 된다. 결국, 그들은 원하는 삶을 살기보다는 그냥 열심히 사는 것에 그친다.

이러한 행동 뒤에는 뇌의 작용이 있다. 뇌는 기본적으로 편안함을 추구하는 경향이 있는데, 이는 우리의 생존 본능과 연관되어 있다. 위험하고 복잡한 일을 피하고 안전하고 익숙한 영역을 선택하는 것이 생존에 유리했기 때문이다. 하지만 현대 사회에서는 이러한 본능이 우리의 성장을 방해하는 요인이 되기도 한다.

뉴욕 대학교 심리학 교수인 개리 마커스는 과거에는 생존에 도움을 준 뇌의 기능이지만, 지금은 오히려 내 삶에 방해물이 되는 뇌의 기능을 '클루지'라고 이야기했다. 인간의 뇌는 현재보다 미래의 가치를 낮게 평가하는 경향을 가진다. 그리고 어떤 것을 실행해야 한다고 판단할 때 '쾌락'을 근거로 삼는다.

운이 좋게 내 앞에 달콤한 포도가 가득 열려있는 나무를 본 원시인이 있다고 하자. 배가 불러도 꾸역꾸역 어떻게든 먹어치워 어떻게든 지방으로 저장했다. 이 원시인은 내 배 둘레를 걱정해서 적정한 식사를 하고 포도를 남겼다가 다른 동물에게 포도를 빼앗긴 다른 원시인보다 더 오래 살았을 것이다. 아이들과 시간을 더 보내는 대신에 〈흑백요리사〉를 보기로 한 것도 이런 클루지의 작용이다.

내 고객 중 한 명은 매일 아침 일찍 일어나 블로그 글을 쓰겠다는 결심을 했다. 하지만 막상 아침이 되면 '조금만 더 자자', '오늘은 피곤하니까 내일 하자'라는 생각이 들며 결국 침대에서 벗어나지 못했다. 그러다 보니 매번 '나는 왜 이렇게 의지가 약한 걸까?'라고 자신을 비하하기 일쑤였다. 자신이 뭔가 큰 문제가 있다고 생각했지만, 사실 이것은 클루지와 '도망가는 뇌'의 복합적인 작용이 있었다.

○ 뇌의 도망 메커니즘

뇌가 도망가는 이유는 무엇일까? 뇌의 여러 영역이 여기에 관여하는데, 특히 전두엽과 편도체의 역할이 크다. 전두엽은 우리가 계획하고 결정을 내리는 데 핵심적인 역할을 하는데, 이 부분이 잘 활성화되지 않으면 목표를 향해 나아가기 어렵다. 반면에 편도체는 불안과 공포와 관련된 감정을 처리하는 영역으로, 우리를 위험으로부터 보호하려는 경향이 있다.

뇌하수체에서 부신피질로 신호를 보내면 신장 위에 붙어있는 부신피질에서 코르티솔을 분비한다. 코르티솔은 스트레스에 반응하여 분비되며, 우리 몸을 경계 상태로 만든다. 복잡하고 어려운 일들이 나의 성과와 관련된 중요한 일이라면 위험으로 인식하게 된다. 어렵고 복잡한 시험공부를 하는데 이 결과에 따라 부모님께 혼이 난다거나, 내 인생이 잘못될 것이라는 생각을 하게 된다면 우리는 뇌는 시험을 '위험'으로 인식하고 코르티솔을 분비한다. 컴퓨터 블로그 화면은 실제로 나에게 아무런 위험을 주지 않지만, 이 글을 누군가가 읽고 평가한다는 갖게 된다면 나에게 코르티솔이 분비되는 상태가 된다. 인간은 코르티솔이 나오는 것은 피하도록 진화했다. 호랑이, 뱀, 독충 등의 위협을 만났을 때 뇌는 코르티솔을 분비해서 스트레스를 주고 피해야 하기 때문이다. 하기 싫은 일을 마주했을 때, 화장실에 가고 싶거나 물을 마시고 싶다는 생각이 드는 것도 이 스트레스를 피하고자 하는 도망치는 뇌의 작용이다. 이렇게 자주 도망 다니다 보면 점점 내 뇌는 스트레스를 피하는 회로가 더욱 빨리 작용하도록 강화된다. 도망의 습관화, 즉 '도망치는 뇌'가 완성되어 가는 것이다.

뇌의 특정 부위인 aMCC(전방대상회: anterior midcingulate cortex) 역시 중요한 역할을 한다. 이 부위가 얇아지면 자기조절 능력이 약해지고, 자신의 행동을 통제하기가 어려워진다. 마약 중독자, 도박 중독자, 게임 중독자들의 뇌를 보면 이 영역이 약화되어 있는 것을 볼 수 있다. 하지만 이와 같은 극단적인 중독 상태가 아니더라도, 우리가 일상에서 불편한 일들을 피하고 도망가는 삶을 살면 뇌의 패턴이 유사하게 형성된다.

도파민 시스템도 여기에 한몫한다. 앞서 이야기했듯 도파민은 보상과 동기부여에 관여하는 신경전달물질이다. 버스를 기다리며, 길을 걸으며, 엘리베이터를 기다리며, 모두들 삶의 쉼표 없이 스마트폰에 빠져 있다. 집에 도착하면 어떤 일을 실행할 의지력이 하나도 없이 도파민을 소진한 상태로 무기력하게 침대에 누워버린다. 과도한 도파민의 작용으로 강한 자극이 아니면 동기부여가 되지 않도록 도파민에 둔감해진 상태가 된다. 아무리 좋은 기회나 보상이 주어져도 의욕이 생기지 않는다. 어떤 사람들은 무언가를 시작하려고 할 때 에너지가 '0'이거나, 아니면 과하게 열심히 해서 '100'인 극단적인 상태를 보이기도 한다.

○ 의지박약이 아니라 뇌의 작용일 뿐이다

이런 뇌의 작용을 모르는 사람들은 자신을 '의지박약'이라며 비하하기 쉽다. 그러나 이는 개인의 의지 문제가 아니라 뇌의 자연스러운 작용이다. 오히려 이를 이해하고 뇌를 다루는 방법을 알게 되면, 우리는 도망가는 삶에서 벗어나 도전하는 삶으로 전환할 수 있다.

뇌를 다룬다는 것은 단순히 의지력을 강화하는 것이 아니다. 이는 뇌의 패턴을 재구성하고, 부신피질방어호르몬의 영향을 줄이며, aMCC와 전두엽의 기능을 활성화시키는 것을 의미한다. 이를 통해 우리는 불편하고 어려운 일에 직면하더라도 도망치지 않고, 그것을 새로운 도전으로 받아들일 수 있게 된다.

○ 뇌를 훈련하는 방법

그렇다면 어떻게 해야 뇌를 도망가는 패턴에서 벗어나도록 훈련할 수 있을까? 먼저, 작은 성취를 통해 뇌에 긍정적인 신호를 보내는 것이 중요하다. 예를 들어, 큰 목표를 설정하기보다는 작고 실현 가능한 목표를 설정하고, 이를 꾸준히 실천하는 것이 좋다. 이렇게 하면 뇌는 성취감을 느끼고, 도파민 분비가 촉진되어 더 큰 동기부여를 받게 된다.

블로그로 고민했던 고객의 사례로 돌아가 보자. 그는 큰 변화를 원했지만, 작은 실천을 통해 뇌를 훈련하지 않았다. 그래서 나는 그에게 "매일 아침 5분만 일찍 일어나보세요. 그 5분 동안 단 한 줄의 글을 쓰는 것도 좋습니다."라고 제안했다. 처음에는 갸우뚱하며 그것 가지고 되겠냐는 표정으로 나를 바라보았다. 속는 셈 치고 작은 실행을 시작한 고객은 곧 작은 성취가 쌓이면서 그는 뇌의 패턴이 변하는 것을 느꼈다. 이제 그는 매일 아침 블로그에 글을 올리고 있으며, 더 이상 자신을 의지박약이라 부르지 않는다.

이런 간단하지만 인생을 바꿀 만한 뇌과학 기반의 루틴들을 책 뒤에 더 많이 소개해 놓았다. 하나하나 나를 찾아가다 보면 결국 실행의 영역으로 내 삶을 변화시킬 수 있다. 결국 하늘도 스스로 돕는 사를 돕는다. 여러분의 삶도 여러분이 변화할 수 있는 작은 스텝부터 인생의 큰 방향이 변하게 된다. 우주로 가는 로켓의 진행 방향 각도가 0.1도만 틀어져도 나중에는 엄청나게 큰 격차가 만들어지듯이, 내 삶에 작은 각도의 변화를 가져가는 것이 내가 원하는 인생에 조금 더 가깝게 가는 과정이다. 하루에 0.1도씩 내 삶의 각도를 변화시키자.

알면서도
안하는 이유

많은 사람에게 자기계발에 대해 이야기하면 "그거 다 아는 얘기야"라는 반응이 돌아온다. 하지만 실제로 그 내용을 실행에 옮기는 사람은 드물다. 이때 중요한 것은 '안다'는 것에 대한 착각이다. 알면서도 알지 못하는 것들이 많다. 어디서 들어본 내용이 마치 자신의 지식인 양 생각하는 경향이 있다. 하지만 진정으로 안다고 하기 위해서는 다른 사람에게 설명할 수 있을 정도로 숙지하고, 성공할 때까지 시행착오를 겪으며 직접 실행해 본 경험이 필요하다. 그렇지 않다면 실제 지식이나 지혜와는 거리가 멀다.

어느 분야에서 성공한 사람들은 모두 다 그 분야에서 성공하기 위한 벽을 만났던 사람들이다. 남들과 다른 몰입과 행동력을 들여서 그 벽을 넘어서고 그 분야의 성공을 이루어 낸다. 한 자동차 부품공장에서 문제가 생겼다. 생산 라인에 고무 재질의 기계가 있는

데 윤활유를 뿌리면 나중에 팅팅 불어서 불량이 생겼다. 회사 사장은 계속 고민했다. 어느 날 삼겹살에 들기름을 찍어 먹는 것을 보고 의문이 들었다.

'왜 기름이 많은 삼겹살에 기름을 찍어 먹지?'

알고 보니 같은 기름이라도 식물성 기름인 들기름과 동물성 기름인 삼겹살 기름이 만나 분해되는 효과가 있다는 것을 알게 되었다. 머릿속에 순간 '반짝'하고 환한 조명이 켜지는 느낌이었다. 바로 공장에 있는 고무에 들어가는 기계 윤활유를 식물성 기름으로 바꾸게 되었다. 불량률이 급격하게 떨어져 해외에 있는 거대 기업의 발주를 따낼 수 있었다. 그리고 그 회사는 수천억 매출 규모의 중견기업이 되었다.

누구나 삶에서 문제를 만나게 된다. 그때 남다른 몰입과 문제 해결을 위한 행동을 한다면 그 문제를 해결할 수 있는 확률이 압도적으로 높아진다. 될 때까지 행동하는 사람에게 10%의 확률은 100%의 확률과 다를 바가 없다.

왜 우리는 알고 있음에도 불구하고 행동에 옮기지 않을까? 그 이유는 우리 교육 체계와 깊은 연관이 있다. 학교에서는 지식을 주입하고 암기한 것을 시험을 통해 평가한다. 주입식 교육에서는 지식을 실제로 활용하거나 실행해 보는 경험이 거의 없다. 그렇기 때문에 우리가 배운 것을 실행에 옮기지 않는 것도 어찌 보면 자연스러운 일이다. 요즘은 사고력 위주의 문제가 많이 나와 공부를 많이 하면 사고력을 기를 수 있다고 한다. 하지만 아무리 사고력 위주로 시험이 바뀌었다고 해도, 배운 내용을 내 삶에 적용하는 지식이 아니지 않은가? 고작 한두 번 들어본 것을 스스로 안다고 착각하고, 이를 실제 행동으로 옮기지 않는 이유가 바로 여기에 있다.

⊙ 실패를 두려워하지 않는 학습의 중요성

지식을 진정으로 내 것으로 만들기 위해서는 수많은 실패가 필요하다. 예를 들어, 요리를 한 번도 해본 적 없는 사람이 유튜브에서 요리법을 보면서 따라 한다고 해서 바로 맛있는 요리가 완성되는 것은 아니다. 고기를 제대로 굽는 법을 터득하는 데도 여러 번의 실패와 시도가 필요하다. 고기 겉면을 황금빛 갈색으로 익혀 마이야르 반응을 만들어 감칠맛을 낸다든지, 마늘과 버터를 넣어 볶는 타이밍을 조절한다든지, 불의 세기를 정확히 이해한다든지 하는 것이 모두 여러 번의 시도와 실패를 통해서만 습득되는 것이다.

나도 40세가 되기 전까지 고기를 제대로 구워 본 적이 없었다. 영업 사원으로 일할 때도 항상 고기를 구워주는 음식점을 찾았다. 40이 넘어 세 아이의 아빠가 되고 나니, 아이들 앞에서 고기를 굽고 있는 아내의 모습이 안쓰러웠다. 그래서 유튜브에서 고기 굽는 영상을 10개 이상 찾아보며 하나씩 시도해 보았다. 처음에는 대실패였다. 너무 짜거나 태우거나 덜 익힌 고기만 나왔다. 그러나 여러 번의 시도 끝에 지금은 고기 무한리필집에 가면 아이들이 엄마보다 아빠가 구운 고기를 더 좋아할 정도로 고수가 되었다.

지식의 습득도 이와 같다. 한 번의 실패 없이 단번에 모든 것을 완벽하게 해내리라는 기대는 오히려 발전을 방해한다. 이론적으로만 알고 있는 것과 실제로 시도해 보고 그 경험을 통해 체득하는 것 사이에는 큰 차이가 있다.

❶ 알지만 행동하지 않는 뇌의 메커니즘

우리가 어떤 결정을 할 때 뇌의 감정적 영역, 특히 편도체와 같은 부분이 크게 작용한다. 우리가 어떤 행동을 하지 않는 이유는 논리적인 판단보다는 감정적인 요인에 의해 결정된다. 이 과정에서 중요한 역할을 하는 것이 앞에 이야기한 뇌의 도망 메커니즘 중 부신피질 호르몬(코르티솔, 알도스테론, 부신 안드로겐 등)의 작용이다. 이 호르몬들은 스트레스에 반응하며 우리를 보호하려는 기능을 하는데, 새로운 시도를 막는 요인으로 작용한다.

부신피질 호르몬이 높아지면 우리는 불안과 두려움을 더 쉽게 느끼게 된다. 이는 뇌가 위험을 감지하고 자신을 보호하려는 자연스러운 반응이다. 하지만 이러한 반응이 지나치면 행동을 억제하고, 알고 있음에도 실행하지 못하는 상태로 이어진다. 이성적으로는 새로운 도전이 필요하다는 것을 알지만, 감정적으로는 이를 두려워하고 회피하게 되는 것이다.

❶ 행동을 촉진하는 뇌의 훈련법

우리가 감정적으로 편안함을 느낄 때, 뇌는 새로운 시도를 받아들이는 경향이 있다. 이를 위해 감정 코칭, 명상, 요가, 운동 등이 뇌의 편도체를 안정시키고, 새로운 도전 앞에서 느끼는 두려움을 줄이는 데 도움을 준다. 이러한 활동들은 뇌의 신경 가소성(neuroplasticity)을 촉진하여, 우리가 새로운 행동을 습관으로 만들 수 있도록 돕는다.

이러한 뇌의 특성을 활용하여 원하는 행동을 꾸준히 반복할 수 있다면, 우리는 점차 그 행동을 일상 속에서 자연스럽게 실행하게 된다. 이는 마치 아이들이 걸음마를 배울 때 수없이 넘어지면서도 계속 시도하는 것과 같다. 우리도 어린 시절에는 실패를 두려워하지 않았고, 오히려 호기심을 가지고 끊임없이 시도했다. 그 결과, 우리는 결국 걸음마를 배웠고, 뛰는 법까지 익힐 수 있었다.

⭕ 넘어지면서 배우는 삶

캐나다에서 유학 중인 고등학생이 있었다. 그는 늘 자신이 알고 있는 것을 실행하지 못한다며 좌절했다. 유학을 갔지만 코로나가 터지는 바람에 밖에도 나가지 못하고 혼자 고립된 채 힘든 생활을 해야 했다. 돈도 떨어지고 건강도 바닥을 찍고, 우울증으로 인생의 바닥으로 가고 있을 때 나를 만났다. 매주 온라인 화상 통화로 코칭을 했고, 작은 습관부터 만들 수 있도록 도왔다.

첫째, 핸드폰 사용시간을 스스로 체크하도록 했다. 예상보다 많은 시간을 핸드폰으로 보내고 있어서 스스로 놀랐다.

둘째, 음식을 스스로 해 먹도록 했다. 돈이 없어서 하루에 한 끼 시켜 먹는데, 아주 질이 좋지 않은 음식으로 매일을 보내고 있었다. 스스로 쉬운 요리라도 해 먹도록 했다.

셋째, 청소였는데, 이건 오래 걸렸다. 청소를 안 하는 사람들은 지저분한 방이 내 자신이고, 심각한 것을 알면서도 청소할 생각을 하지 않는다. 우울증에 걸리면 바로 보이는 것이 방이 더러워지는 현상이다. 코칭을 시작한 지 4주 후 방이 깨끗해졌고 인생이 변하기 시작했다.

그 결과, 캐나다 최고의 대학 7개 이상을 장학금을 받으며 합격할 수 있었다. 물론 처음에는 여러 차례의 실패를 경험했다. 그는 이제 실패를 두려워하지 않고, 이를 자신의 학습 과정으로 받아들였다. 스스로 변화에 성공한 후, 그는 말하곤 했다. "나는 그 동안 내가 알고 있던 것에 머물러 있었어요. 이제는 넘어져도 괜찮다는 것을 배웠습니다."

코칭 의뢰자의 청소 전후 방의 모습

⭕ 이제는 실행으로
우리는 어릴 때 호기심이 가득한 존재였다. 수많은 실패를 겪으면서도 시도하는 것을 두려워하지 않았다. 그러나 성장하면서 우리는 실패를 두려워하고, 안전한 영역에 머무는 것을 선택하게 된다. 이는 뇌의 자연스러운 방어 메커니즘에 의해 강화되지만, 우리가 원하는 삶을 위해서는 이 메커니즘을 극복해야 한다. 새로운 도전을 할 때마다 실패를 경험할 수 있다. 그러나 그 실패가 곧 배움이 되고, 우리의 지식은 경험을 통해 지혜로 전환된다. 원하는 곳을 향해 걸어가고, 넘어지고, 다시 일어나라. 알고 있는 것을 실행하고, 이를 반복하여 습관으로 만들어라.

이렇게 만들어진 일어서는 습관은 우리의 능력으로 자리 잡게 될 것이다. 이는 뇌과학적으로도 입증된 사실이다. 반복적인 행동은 뇌의 시냅스를 강화하여 행동을 자동화하고, 이를 통해 우리는 원하는 삶을 향해 한 걸음 더 나아갈 수 있다. 탁월함은 이러한 반복과 실행에서 시작된다. 알고만 있는 지식은 빛을 발하지 못한다. 그것을 실행하고, 체득하여 진정한 나의 지식과 능력으로 만들어야 한다. 이제 여러분도 알고 있는 것을 행동으로 옮겨라. 실패를 두려워하지 말고, 도전하라. 뇌는 당신의 편이며, 반복을 통해 새로운 당신을 만들어 낼 것이다.

인스타를 할 때 뇌에서는
어떤 일이 일어날까?

⭘ 인스타를 할 때 뇌에서는 어떤 일이 일어날까?

지금 시대를 대표하는 SNS를 하나 뽑으라고 한다면 인스타그램을 들 수 있다. 2024년 현재 한국의 인스타그램 사용자 수는 약 2,340만 명으로 전체 인구의 45.2%에 달하며 매년 사용자 수가 증가하고 있다. 페이스북, X(트위터) 등 많은 소셜네트워크 서비스들이 있지만, 정말 사람들을 연결 해주는 애플리케이션은 인스타그램이 압도적 1위다. 많은 사람이 일상적으로 인스타그램을 사용하지만, 이 과정에서 뇌에서는 어떤 일이 일어나는지는 잘 모른다. 내가 관심 있는 사람들이 올린 사진과 영상을 보다 보면 어느샌가 시간이 휙 흘러 있다. 예상보다 SNS는 우리 뇌에 큰 영향을 미치고 뇌 속에서 다양한 화학반응과 신경 활동이 일어난다. 이는 우리의 행동, 감정, 그리고 장기적인 정신 건강에까지 영향을 미친다.

인스타그램을 하는 것은 즐겁고 흥미롭지만, 동시에 스트레스와 불안도 유발한다. 이 모든 것은 뇌의 특정 시스템과 호르몬에 의해 조절된다.

O HPA 축과 스트레스

인스타그램에서 '좋아요' 수나 댓글에 민감하게 반응하는 것은 뇌의 'HPA 축'이라고 불리는 시스템에 직접적인 영향을 미친다. HPA 축은 시상하부(Hypothalamus), 뇌하수체(Pituitary gland), 그리고 부신축(Adrenal glands)으로 이루어진 스트레스 대응 시스템이다. 앞서 이야기했던 '도망가는 뇌'의 스트레스 대응 시스템이다.

인스타그램에서 부정적인 피드백을 받거나 기대에 부응하지 못했을 때, 시상하부는 뇌하수체에 신호를 보내고, 뇌하수체는 부신축에 코르티솔을 분비하라고 명령한다. 코르티솔은 우리 몸에서 가장 중요한 스트레스 호르몬으로, 긴급한 상황에서 에너지를 끌어올리고 심장 박동을 높여 투쟁 또는 도피 반응(Fight flight response)을 유발한다. 위험한 동물을 만났을 때, 싸워야 하는지, 도망가야 하는지 선택하는 것이다. 갑자기 날아다니는 벌레를 봤을 때, 고음의 소리를 지르며 도망간 적이 있을 것이다.(도피) 내 아이가 밤새 모기 물린 곳을 긁으며 고통스러워한 기억을 지닌 부모들이 있을 것이다. 그 부모 앞에 모기가 나타난다면, 순간 엄청난 순발력과 힘으로 손바닥으로 '꽉' 쳐서 잡아 버릴 것이다.(투쟁)

과거에는 이러한 반응이 생존에 필수적이었지만, 오늘날에는 인스타그램 피드에서 오는 작은 스트레스조차도 자꾸 반복적으로 노출되다 보면 뇌가 큰 위협으로 인식하게 된다. 이는 더러 만성 스트레스로 이어질 수 있다. 나도 모르게 피드에 올라온 글들이 나에게는 스트레스로 다가오는 것이다. 인스타그램을 적극적으로 관리하고 문자나 카카오톡 대신 인스타그램 DM을 통해 소통하는 우리나라 10대, 20대들에게는 더욱 자주 만성 스트레스가 나타난다.

인스타그램을 자주 사용해서 만성 스트레스가 왔다면, 몸이 오랜 시간 투쟁·도피 상태에 놓이게 된다. 뇌는 생존에만 집중하게 되어 현명한 사고를 할 수 없게 된다. 대뇌가 활성화되지 않아, 문제 해결에 필요한 냉정하고 이성적인 사고가 어려워진다. 그 결과 작은 일에도 쉽게 짜증이 나고, 스트레스에 과도하게 반응하게 된다. 코르티솔의 지속적인 분비는 기억력 감퇴와 학습 효율성 저하를 초래하며, 새로운 정보를 습득하고 실행에 옮기는 데 어려움을 겪게 한다. 장기 기억에 저장이 잘되지 않아 새로운 지식을 기억하기 어렵고, 불편함을 감수하지 않으려 하며, 참을성이 부족해 변화를 지속하지 못한다.

스웨덴의 저명한 전문의 안데르스 한센은 《도파민네이션》에서 만성적인 스트레스 노출이 우리를 위험으로 가득한 세상에 놓이게 한다고 지적한다. 우리 뇌는 끊임없이 스트레스 상황에 노출되면, 그 상황에서 도피하기 위해 우울감을 유발하고, 스스로를 고립시키려는 경향을 보인다. 이는 인스타그램과 같은 소셜 미디어 사용에 있어서도 마찬가지다. 소셜 미디어의 자극적인 정보와 비교에 의해 장기적으로 스트레스에 노출되면, 우리 뇌는 스스로를 보호하기 위해 도피하고 싶어 하는 것이다.

인스타그램은 주로 외적 동기에 의해 우리의 행동을 조절한다. '좋아요'나 댓글, 팔로워 수와 같은 보상은 외적 동기를 자극하여 우리에게 일시적인 만족감을 준다. 이러한 외적 보상은 지속적인 성취감이나 만족감을 주지 못한다. 더 많은 '좋아요' 팔로워를 위해 계속 인스타그램에 몰입하게 된다. 끊임없이 화면을 쓸어내리며 스스로 함정에 빠지게 된다.

반면에 내적 동기는 성장, 즐거움, 열정과 같은 내부의 동인으로부터 나온다. 인스타그램 사용을 내적 동기로 전환할 수 있다면 어떨까? '좋아요' 팔로워에 상관없이 자신의 성장이나 즐거움을 위해 사용하는 것이다. 물론 쉽지는 않다. 특히 우리의 뇌가 도파민 중독에 빠져 외적 보상에 길들여졌을 때, 내적 동기로 전환하는 것은 더욱 어려워진다.

⭕ 도파민의 역할과 통제

인스타그램은 도파민을 분비시킨다. 도파민은 우리가 무언가를 갈망하고, 행동을 통해 그 보상을 얻을 때 분비된다. 도파민 회로는 욕망 회로와 통제 회로로 나뉘는데, 일반 사람들은 인스타그램을 사용할 때 욕망 회로를 주로 사용한다. 반면 프로게이머나 전문가들은 통제 회로를 사용하여 자신의 욕망을 조절한다. 이는 한 꼿

차이로 보일 수 있지만, 실은 큰 차이를 만든다.

　도파민이 우리에게 동기를 부여하지만, 동시에 도파민에 사용당할 수도 있다. 도파민이 너무 높아지면, 우리는 불안, 주의력 결핍, 좌불안석, 피로감 등을 느끼게 된다. 도파민의 분비가 통제되지 않을 때, 우리는 인스타그램에 더 깊이 빠져들고, 끊임없이 더 많은 자극을 찾게 된다.

　하지만 인스타그램을 무조건 나쁘게 볼 필요는 없다. 현대 사회에서 소셜 미디어는 중요한 소통 수단이며, 이를 건강하게 활용할 필요가 있다. 다만 인스타그램을 다루어 낼 수 있는 준비가 된 상태에서 거기에 노출되어야 한다. 요리할 때 칼은 너무나 중요한 도구이지만, 어린아이에게 쥐어 주는 순간 나와 다른 사람을 다치게 할 수도 있다. 뇌를 훈련하여 충동을 억제하고, 단순한 외적 보상에 의존하지 않으며, 내적 동기에 초점을 맞출 수 있는 상태에서 인스타그램을 하도록 하자. 인스타그램을 통해 단순히 다른 사람과 자신을 비교하기보다는 자신에게 가치 있는 콘텐츠를 선택적으로 소비하고, 필요할 때는 과감하게 로그 아웃하는 습관을 들이는 것이 좋다.

힘들어도 마약, 술, 도박, 게임, 스마트폰이 있다면 괜찮아

○ 마약 공화국 청년의 하루

아침이 밝았지만, 난 이미 일어나 있었다. 잠에서 깨어난 건 새벽 3시쯤이었다. 그 후로 계속 뒤척이며 잠을 청해봤지만 소용없었다. 몸이 가려워서 어쩔 수 없이 휴대폰을 집어 들었다. 화면이 눈에 들어오자마자 메시지 알림과 소셜미디어 업데이트가 나를 기다리고 있었다. 인스타그램을 스크롤하면서 친구들이 올린 사진과 동영상을 무심하게 넘겼다. 다들 잘 사는 것 같았다. 나만 이런 상태인 것 같았다.

그렇게 휴대폰을 보고 있으면 잠시나마 현실을 잊을 수 있다. 하지만, 시간이 지나면 다시 허전함이 찾아온다. 아침 8시가 되자 배터리는 이미 반쯤 닳아 있었다. 이제 슬슬 일어나야 했다. 배가 고팠지만, 먹을 것보다 더 중요한 것이 있었다. 가방을 뒤져서 찾아낸 주사기와 가루. 아침마다 이 의식이 나를 버티게 해준다. 오늘 하루를 견딜 수 있게 해주는 유일한 방법이다. 손이 떨리면서도 가루를 섞고 주사기에 넣는다. 순간의 쾌락을 위해 몸이 긴장했다.

몇 초 후, 가슴을 때리는 그 강렬한 느낌이 찾아왔다. 모든 것이 흐려지고, 몸은 마치 공중에 떠 있는 것 같다. 모든 걱정과 불안이 사라지고, 온 세상이 조용해졌다. 한 시간쯤 지났을까, 이제 조금 움직일 수 있을 것 같다. 하지만 나가서 뭘 해야 할지 모르겠다. 그러다 스마트폰이 생각났다. 다시 휴대폰을 집어 들고 소셜미디어에 접속했다. 시간이 흐르는 것이 무의미하게 느껴진다. 트위터, 틱톡, 인스타그램을 계속해서 넘기다 보면 한 시간이 금세 지나간다.

정오쯤 되니 다시 기운이 빠진다. 마약이 서서히 몸에서 빠져나가는 게 느껴진다. 이 기분을 버틸 수가 없다. 이번에는 약이 좀 남아 있나 가방을 뒤져본다. 다행히 조금 남아 있다. 이걸로 오늘 저녁까지는 버틸 수 있을 것 같다. 침대에 누워 다시 주사기를 준비한다. 이미 부풀어 오른 팔에 주사기를 꽂는 순간, 다시 한번 모든 것이 흐려진다. 이 시간이 멈췄으면 좋겠다. 현실로 돌아오고 싶지 않다.

해가 지기 시작할 때쯤, 방은 어두워지고 나는 아무것도 하지 못한 채 누워 있었다. 스마트폰은 침대 옆에 떨어져 있다. 충전도 되지 않은 채로 배터리가 닳아 꺼졌다. 다시 켜볼 힘도 없었다. 그저 누워서 천장을 바라본다. 하루가 이렇게 또 지나갔다.

○ 인터넷 도박 청년의 하루

오전 10시, 눈을 떴다. 늦잠을 잤다. 어제 새벽까지 인터넷 도박을 하느라 잠을 설쳤다. 핸드폰을 들어 올려 먼저 계좌 잔고를 확인한다. 역시나, 어제 모든 것을 잃었다. 어쩌면 오늘은 마지막일지도 모른다. 하지만 이렇게 쉽게 포기할 수는 없다. 지하철을 타고 아르바이트를 하러 가면서도 도박 사이트에 접속한다. 오늘은 좀 더 운이 좋을지도 모른다는 희망이 떠오른다. 어제 진 돈을 되찾을 수 있을 것 같은 기분이 들기 시작한다.

알바를 하는 동안에도 머릿속은 온통 도박 생각뿐이다. 점심시간이 되자 급히 식당 구석에 앉아 핸드폰을 꺼낸다. 손이 떨린다. 남은 돈은 얼마 없지만, 이번 판이 마지막일지도 모른다. 1만 원을 걸고, 10만 원을 딴다. 심장이 두근거린다. 그래, 이번엔 잘 될 것 같다. 더 큰 금액을 건다. 10분 후, 전부 잃었다. 다리에 힘이 풀려 의자에 기대어 앉아있다. 모든 것이 멈춘 것 같다. 주변 사람들은 다들 일상적으로 움직이는데, 나만 세상과 떨어져 있는 기분이다.

아르바이트가 끝나고 집에 돌아가는 길, 도박 사이트를 끄지 못한다. 남은 돈은 없다. 하지만, 신용 카드가 있다. 조금만 더 하면, 이번에 잃은 돈을 되찾을 수 있을 것 같다. 그렇게 생각하며 또다시 배팅을 시작한다. 이겨서 카드를 갚으면 된다는 생각뿐이다. 방에 들어오자마자 컴퓨터를 켜고 도박 사이트에 접속한다. 몇 시간 동안 계속된다. 이겼다가 졌다가, 반복하다 결국 더 깊은 수렁에 빠져든다.

새벽 2시, 모든 돈을 잃었다. 이제 정말로 남은 것이 없다. 컴퓨터 앞에 앉아 고개를 숙인다. 손은 차갑고 심장은 빠르게 뛰고 있다. 스마트폰을 집어 들고, 다시 계좌를 확인한다. 비어 있다. 카드를 다시 봐도 마찬가지다. 이제 끝인가. 이 상황에서 벗어나려면 도대체 어떻게 해야 할까.

오늘도 이렇게 하루가 지나갔다. 내일은 다를까. 더 나은 내일이 올 수 있을까. 하지만, 그런 생각도 오래가지 않는다. 이미 모든 것이 지쳐버린 상태다. 침대에 누워 천장을 바라본다. 눈을 감고 잠이 들기 전 마지막으로 떠오르는 생각은 단 하나, '다음에는 이길 수 있을까'이다.

○ 힘들어도 마약, 술, 도박, 게임, 스마트폰이 있다면 괜찮아

한국 사회가 직면한 문제는 코로나 이전부터 시작되었다. 양적 완화 정책으로 인해 전 세계적으로 막대한 돈이 풀리면서, 그 후폭풍이 닥쳐온 결과 경제적으로 삶이 어려워졌다. 치솟는 물가와 낮아지는 취업률, 대기업의 신입사원 채용 감소는 한국 사회의 불안감을 더 키우고 있다. 중소기업에서 받는 월급과 아르바이트비로 하루하루를 살아가기에 버거운 현실이다. 집값은 하늘 높은 줄 모르고 치솟고 있어, 집을 사는 것은 꿈도 꾸지 못하고, 가정을 꾸리거나 아이를 키우는 것도 엄두가 나지 않는다. 이때 기다리는 것은 막대한 육아 비용, 경력 단절, 그리고 아이에게 들어갈 천문학적인 사교육비다.

부모 세대는 MZ세대에게 많은 혜택을 주었지만, 정작 MZ세대는 그 자녀에게 동일한 혜택을 제공할 수 없다. 이제 태어나는 아이들은 부모보다 더 가난한 나라에서 살아야 한다. 한국의 평균 스마트폰 구매가격은 97만 원으로 세계평균 37만 원의 2배가 넘는다. 초등학생의 10명중에 9명은 스마트폰을 가지고 있다. 대부분 가정이 승용차를 보유하고 있다. 한국의 MZ세대들은 그들의 부모들이 그들에게 주었던 경제적 혜택을 그대로 주기 어렵다. 이렇게 되자 차라리 아이를 낳지 않고 그냥 자신의 인생을 살아가기로 생각하는 젊은 세대들이 많아졌다.

그런 반면, 한국은 여전히 '기회의 땅'이라고도 불린다. 한국의 경제 성장을 꿈꾸며 러시아, 아시아, 이슬람권에서 많은 이민자가 유입되고 있다. 이들은 새로운 영역을 만들며 한국 사회의 지역과 계층을 더욱 다양하게 나누고 있다. IT 기술의 발달로 한 사람이 콘텐츠를 만들면 많은 기회를 창출할 수 있는 세상이 되었다. 그러나 이를 통해 성공과 성장의 삶을 살아내는 것은 누구에게나 열려 있는 길이 아니다. 대부분의 사람들은 성장과 성공을 선택하기보다는 회피를 선택한다.

대부분의 사람들은 유치원부터 대학, 그리고 직장에 이르기까지 끊임없는 경쟁 속에서 살아왔다. 이 과정에서 한국 사회는 철저히 사람을 결과로 평가해 왔다. 이 나이대에 몇 평짜리 집을 가지고, 얼마짜리 차를 타고, 어디로 여행을 가야 한다는 등의 이상하리만큼 높은 사회적 기준이 존재한다. 이러한 기준에 부합하기 위해 수많은 이들이 투쟁하듯 살아왔고, 이제는 지친 마음으로 집에서 도피의 버튼을 누른다. 더 이상 삶을 업그레이드하기 위한 불편함을 감수할 도파민을 끌어낼 수 없다. 대신 새로운 자극을 주는 도파민을 찾는다. 핸드폰, 술, 도박, 마약 등으로 자신의 삶을 던져넣는 것이다.

◯ 중독성이 있는 일을 할 때 내 뇌는 이렇게 반응한다

도파민은 우리 뇌의 보상 시스템에 핵심적인 역할을 한다. 이 물질은 기분 좋은 경험을 할 때 분비되어 뇌에 '이 행동을 반복하라'는 신호를 보낸다. 이러한 도파민 분비는 음식, 운동, 사회적 상호작용 같은 일상적인 활동뿐 아니라, 도박, 술, 마약, 게임 등의 자극적인 행동에도 유발된다. 문제는 이러한 자극적인 행동이 과도하게 반복될 경우, 뇌의 보상 시스템이 왜곡된다는 것이다.

중독이 발생하면 뇌의 보상 회로는 극적인 변화를 겪게 된다. 특히, 도파민 수용체의 '다운 레귤레이션(down regulation)' 현상이 나타난다. 이는 반복적인 자극으로 인해 뇌가 과도한 도파민 신호에 민감하지 않게 되는 현상이다. 이런 상황에서 사람은 이전과 같은 수준의 만족감을 얻기 위해 더 강한 자극을 찾게 된다. 예를 들어, 처음에는 적은 양의 술로도 충분히 기분 좋게 취했지만, 점차 그 양이 늘어나야만 같은 수준의 기분 좋은 취함을 느끼게 되는 것이다.

도파민이 반복적으로 분비되면 도파민 수용체의 민감도가 낮아져서, 도파민이 분비되는 것에 대한 내성이 생긴다. 이러한 상태가 지속되면, 뇌는 자연스럽게 즐거움을 느끼는 능력을 상실하게 된다. 일상생활에서 얻을 수 있는 작은 즐거움에 대한 감도가 떨어지고, 더 강하고 자극적인 것을 찾아 헤매게 된다.

한 30대 남성은 회사에서 받은 스트레스를 푸는 방법으로 퇴근 후 게임에 몰두하기 시작했다. 처음에는 1~2시간 게임을 즐기는 것으로 충분했다. 하지만 시간이 지날수록 그는 게임에 더 많은 시간을 쏟기 시작했고, 주말에는 거의 온종일 게임에 빠져 지냈다. 결국 그는 게임에서 벗어날 수 없게 되었다. 이는 그가 게임을 통해 느끼는 도파민 분비가 일상생활에서 얻을 수 있는 만족감을 대체했기 때문이다.

갓난아이를 상습적으로 방치하고 PC방에 간 제주의 20대 부부 사례가 있다. 두 부부가 싸우다가 넘어져 생후 7개월 아이가 크게 다쳐서 한쪽 신장을 영구히 잃게 되었다. 이를 의사가 이상하다고 판단해서 신고한 결과 부부가 5개월간 상습적으로 아이를 방치하고 PC방에 다녔던 것이 밝혀졌다. 아이에게 너무 가슴 아픈 이야기다. 부모가 이렇게 자신의 인생을 회피하고 중독 상태가 극단적으로 계속되게 되면 이런 상황도 발생하는 것이다. 두 부부는 법원으로 넘겨지고 징역 2년을 받았다. 이런 형사재판을 결과를 받고서야 정신을 차리고 아이를 지극정성으로 돌보아 집행유예를 받았지만, 앞으로 더욱 스스로를 책임지는 삶이 되도록 루틴을 잡아야 한다.

중독 상태에서 뇌는 도파민의 과도한 분비로 인해 자극에 대한 감수성이 떨어지게 된다. 몸과 뇌에 도파민이 너무 많아져서 더 큰 자극으로만 원래 자극을 얻을 수 있다. 이러한 상태를 '도파민 과부하(Dopamine Overload)'라고 부른다. 이는 중독 행위로부터 벗어나기 어렵게 만드는 원인이 된다. 더 심각한 것은 이러한 상태가 장기화되면 뇌의 전두엽 기능이 저하되어, 자기 통제력과 의사결정 능력이 손상된다는 점이다. 충동적이고 즉각적인 보상을 추구하는 경향이 강화된다. 이는 일상생활의 책임을 회피하고, 더 자극적인 행동에 몰두하는 악순환을 만든다.

반대로 중독의 고리를 끊기 위해서는 뇌의 보상 시스템을 재설정하는 노력이 필요하다. 앞서 이야기한 뇌가소성을 활용하는 것이다. 중독에서 벗어나려면 일상생활에서 작은 즐거움을 재발견하고, 이를 통해 도파민의 건강한 분비를 유도해야 한다. 이를 통해 내 삶을 변화시키는 많은 적용점을 이후에 소개할 것이니 하나하나 실행해 보자. 처음에는 불편하고 어려울 수 있지만, 반복적으로 새로운 행동 패턴을 구축함으로써 뇌의 보상 시스템을 재조정할 수 있다.

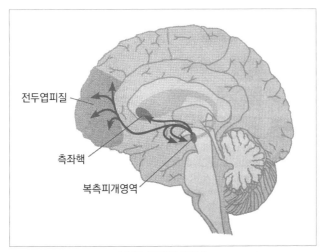

〈출처: 도파민네이션〉

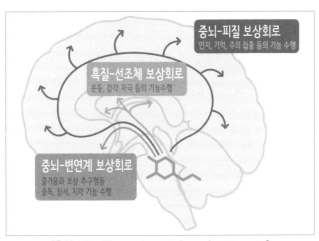

〈출처: https://news.sbs.co.kr/news/endPage.do?
news_id=N1007502644 SBS 뉴스〉

위 그림에 보면 뇌의 도파민 보상경로가 바로 측좌핵으로 가게 되면 즉시 보상이 들어오는 것이 익숙해지는 상태가 된다. 이것을 노력을 통해 더 긴 경로인 전두엽 피질로 연결되는 보상경로로 보내게 되면 더 큰 몰입을 할 수 있게 된다. 독서, 성공, 성취, 내 삶을 긍정적인 방향으로 이끌어 내는 것에 몰입하며 일을 하며 행복을 느낄 수 있다. 천재도 따라갈 수 없다는 즐기는 자가 된다.

달리기 유튜버 '마라닉TV'에 출연한 김성한 러너는 알코올 중독에서 벗어나기 위해 새로운 취미로 달리기를 시작했다. 처음에는 달리기가 너무 지루하고 힘들게 느껴졌지만, 그는 이를 꾸준히 지속했다. 몇 주 후, 그는 조깅 후에 느껴지는 기분 좋은 감정, 즉 '러너스 하이(Runner's High)'를 경험하기 시작했다. 이는 조깅으로 인해 뇌에서 분비되는 엔도르핀과 도파민의 결과였다. 이러한 작은 변화를 통해 그는 알코올에 대한 의존도를 줄일 수 있었다. 110kg이었던 몸무게를 40kg 넘게 감량하고 담배도 끊었다. 이처럼 달리기는 중독치료에서 정말 중요하게 쓰이는 행동치료 방법 중 하나다.

많은 위기 중에 가장 큰 위기는 위기인 것을 모르는 것이다. 가장 심각한 것은 위기임을 알면서도 도망치는 것이다. 삶에서 우리는 정말 많은 위험과 위기를 맞이하게 될 것이다. 그리고 그만큼의 행복과 기쁨과 기회도 맞이하게 될 것이다. 갑자기 달라지는 인생은 없다. 그렇게 갑자기 달라져 봐야 금방 제자리로 돌아올 뿐이다. 당신의 삶이 헤어나올 수 없는 늪과 같다면 지푸라기라도 잡는 심정으로 오늘 내 뇌에 작은 성공 뉴런 한 가닥을 만들자. 그 가닥을 조금씩 매일매일 꼬고 또 꼬면 언젠가 당신의 삶을 위로 끌어줄 동아줄이 될 것이다. 나도 당신과 같았다. 하지만 12년간 매일 작은 가닥을 꼬았다. 어떤 것은 썩어 있었고, 어떤 것은 쇠줄처럼 튼튼했다. 여러분 인생의 쇠줄과 같은 팁을 이후의 내용에 넣어 놓았으니, 당장 뒤로 가서 내가 실행할 수 있는 것 하나를 실천해보아도 좋겠다.

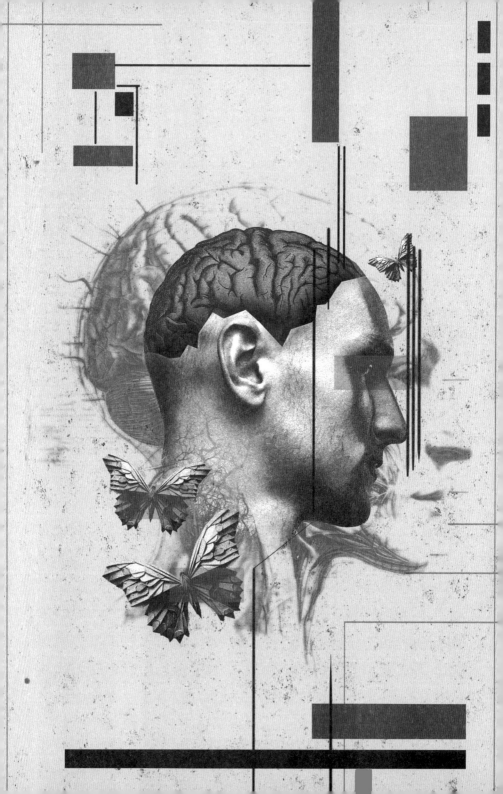

Chapter
3

도망치는 뇌가 잘
작동하고 있습니다

전두엽
멸치

요즘 몸짱 열풍이 대단하다. 인스타그램 등 SNS를 통해 남녀 할 것 없이 자신의 외모를 가꾸는 사람들이 많다. 남자가 화장을 하거나 피부과, 성형외과를 찾는 것이 이제는 흔한 일이 되었고, 그중에서도 특히 바디 프로필이 대세로 떠올랐다. 내 인생 최고의 몸매를 기록하려는 열망으로 많은 이들이 몸을 단련하는 데 열정을 쏟고 있다. 잘 가꾼 몸은 그 사람의 성실함과 자기 관리 능력을 드러내기 때문에 몸이 좋은 사람은 더욱 신뢰를 받곤 한다. 예를 들어, 영업에서도 배가 불룩 나온 사람보다는 몸매와 피부까지 잘 관리한 사람이 더 높은 성과를 내는 경우가 많다. 단순히 외모뿐 아니라 꼼꼼한 자기 관리가 만들어 낸 결과다.

하지만 이렇게 겉모습을 가꾸는 사람들은 자신의 두뇌 상태도 잘 가꾸고 있을까? 단순히 지능지수를 말하는 것이 아니다. 이 세상에 많은 기회를 잡기 위해 다양한 지식을 지혜로 연결하는 뇌의 힘은 어떨까? 내가 하는 일의 본질을 파악하는 통찰력, 사람들과 유연하게 대화하는 커뮤니케이션 능력, 창의적 사고와 이를 체계적으로 실행하는 능력 등 성공과 직접적으로 연관된 뇌의 능력을 묻는 것이다. 계획을 세우고 이를 꾸준히 실행해 내는 능력, 즉 뇌의 힘은 우리의 삶을 어떻게 바꾸어 놓는지도 생각해 볼 필요가 있다.

인간의 뇌 중에서도 이런 성공과 가장 밀접한 부분이 바로 전두엽이다. 전두엽은 추진력, 동기, 행동 계획, 구성적 사고, 언어 표현, 개성, 인내, 창의성 등 다양한 기능을 담당한다. 이 영역의 능력을 많이 사용하고 단련할수록 그 사람의 가치와 영향력이 높아진다. 안타깝게도 현대 사회에서는 이 전두엽이 제대로 활용되지 않는 경우가 많다. 대부분의 사람들이 스크린을 통해 시각적 자극에 주로 노출되는 시간이 많아지면서 후두엽이 발달한다. 후두엽은 시각과 공간 인식에 관여하는데 이 때문에 현대인들은 보여지는 것에 더욱 민감해지고, 전두엽은 상대적으로 덜 사용되어 점점 약해진다. 그 결과 비판적 사고 능력이 떨어지고, 주도성이나 목표 없이 하루를 보내는 사람들이 늘고 있다.

이런 현상을 나는 '전두엽 멸치'라고 부른다. 마치 몸은 멀쩡한데 두뇌는 제대로 활용하지 못하는 사람들을 가리키는 표현이다. 투자나 사업에서 성공하려면 감정을 이겨내는 힘이 필요하다. 예를 들어, 부동산 시장이 불안해져 너도나도 부동산을 팔 때, 오히려 부동산을 사야 하는 것이고, 반대로 부동산 가격이 오르기만 할 것 같아 모두가 사고 싶어 할 때는 파는 것이 현명한 판단일 수 있다. 이를 위해서는 미래의 불안감을 이겨내고, 자신의 충동을 절제할 수 있는 전두엽의 힘이 필요하다. 그러나 많은 사람들은 전두엽의 힘을 제대로 단련하지 않아 이러한 결단을 내리지 못하고 감정적으로만 움직이곤 한다.

유대인들은 두뇌를 단련함에 있어 탁월한 교육 문화를 가지고 있다. 그들은 자녀들을 어렵고 복잡한 상황에 몰아넣어 성장하도록 격려하며, 인문 고전을 읽고 토론하면서 전두엽을 강화한다. 영화 〈300〉에 나오는 스파르타 전사들이 몸짱이라면, 유대인들은 '뇌의 몸짱'인 셈이다. 실제로 미국의 정치, 경제, 영화, 언론, 학술계 등 다양한 분야에서 유대인들의 영향력은 막강하다. 세계 인구의 0.2%밖에 되지 않는 그들이 이렇게 강력한 영향력을 발휘할 수 있는 이유는 바로 단련된 두뇌의 힘에 있다.

○ 뇌의 구조와 기능

인간의 뇌는 크게 전두엽, 두정엽, 측두엽, 후두엽으로 나뉜다. 그중 전두엽은 이마 뒤쪽에 위치하며 인간의 인지 기능과 직접적으로 관련된 부분이다. 이 영역은 특히 문제 해결, 판단, 계획, 사회적 행동과 관련이 깊다. 반면 후두엽은 뇌의 가장 뒤쪽에 위치하며 주로 시각 정보를 처리한다. 현대인들이 화면을 통해 정보를 많이 접하다 보니 후두엽이 상대적으로 발달하고 전두엽은 덜 발달하는 경향이 나타난다.

후두엽을 많이 사용하는 현대인들은 즉각적이고 자극적인 정보에 민감하게 반응하고 전두엽의 기능이 약해지면서 비판적 사고나 자기 주도적 행동은 어려워진다. 스스로 해야 할 일도 제대로 하지 못하고 다른 사람들의 의견에 쉽게 휩쓸리며 감정적으로만 반응하는 경우가 늘어난다. 이러한 문제를 극복하기 위해서는 전두엽을 자극하고 단련하는 것이 중요하다.

O 전두엽 멸치를 탈출하는 방법

전두엽을 강화하는 방법 중 가장 효과적인 것은 글을 쓰거나 책을 읽는 것이다. 읽기와 쓰기는 단순한 행위가 아니라 복잡한 인지 과정을 거치기 때문에 전두엽의 역할이 점차 강화된다. 글을 읽을 때 우리는 문장을 해석하고 내용을 이해하며 그것을 기존의 지식과 연결한다. 이 과정에서 전두엽은 활발하게 작동하며 우리의 사고력과 집중력을 향상시킨다.

하지만 현대인들은 주로 화면에만 의존하기 때문에 문해력 저하 현상이 나타나고 있다. 스마트폰이나 컴퓨터 화면에 보이는 짧은 글이나 이미지는 후두엽을 자극하지만, 깊이 있는 사고나 이해를 필요로 하지 않는다. 그 결과 전두엽이 제대로 활용되지 못해 사람들의 문해력이 비참할 정도로 떨어지고 있는 것이다. 이는 실제로 여러 연구를 통해 확인되고 있다. 뇌과학자 앤드류 후버만 (Andrew Huberman) 교수는 이런 현상을 지적하며 전두엽의 자극을 위한 의도적 노력이 필요하다고 강조한다.

우리 연구소에서 가장 많은 사람들의 인생을 바꾼 프로그램을 뽑으라면 여러 가지 중 단연 '행동력 코치과정'이라고 이야기 해주고 싶다. 그들의 행동력을 높이기 위해 교육과정에서 가장 중요하게 여기는 것 중 하나는 바로 독서다. 단순히 책을 읽는 것에 그치는 것이 아니라 내 인생에 직접 적용하여 실천하는 독서를 하게 한다. 일주일간 최선을 다해 책에서 본 내용을 인생에 적용한 후 매주 자신이 실행한 내용을 함께 성장하는 동기들에게 발표해야 한다.

기존 업이 있기에 일을 하면서 일주일에 3~4권씩 읽는 것을 처음에는 대부분 힘들어한다. 하지만 차츰 전두엽이 활성화되면서 그들의 사고방식과 의사결정 능력이 변하기 시작한다. (코칭은 총 10주를 지속한다.) 그 결과 경제적 자유를 얻는 사람, 사업을 크게 번창시킨 사람, 꿈에 그리던 아파트를 구입한 사람, 해외에서 사업을 시작한 사람 등 많은 결과가 창출되었다. 실천적 독서를 꾸준히 해내면서 코치들은 더욱 창의적인 아이디어를 만들어 내고, 힘든 순간에도 현실에 흔들리지 않는 결단력을 발휘할 수 있게 되었다.

이처럼 전두엽을 단련하는 것은 우리가 일상에서 겪는 많은 문제를 해결하는 데 도움을 준다. 전두엽을 단련하면 비판적 사고가 강화되고 감정에 휩쓸리지 않으며 냉철한 판단을 내릴 수 있게 된다. 전두엽의 단련은 곧 개인의 성공과 직결된다.

외모를 가꾸는 것만큼이나 두뇌를 가꾸는 것도 중요하다. 몸짱 열풍이 한창인 이 시대에 당신은 '뇌의 몸짱'을 목표로 삼아야 한다. 전두엽은 당신의 행동, 감정, 의사결정에 깊은 영향을 미치는 뇌의 핵심 부위다. 전두엽을 단련하는 것은 삶의 질을 높이고 더 나은 미래를 만들어가는 미래지향적 훈련이다. 이제는 '전두엽 멸치'에서 벗어나 진정한 성공을 향해 나아가야 할 때다.

이를 위해서는 스스로 전두엽을 자극할 수 있는 활동들을 찾아 꾸준히 해야 한다. 책을 읽고 글을 쓰는 것뿐만 아니라, 이 책 후반부에 이야기할 방법들을 내 삶에 적용한다면 새롭게 창조된 인생이 열리게 될 것이다. 뇌의 몸짱이 되기 위해 당신의 손에 있는 스마트폰을 잠시 내려놓고, 책을 보는 시간을 늘려보면 어떨까? 책에서 읽은 내용을 블로그나 인스타그램에 아웃풋 해 보는 글쓰기를 해 보면 어떨까? 성공의 뇌를 만들고 싶다면 우선 전두엽 멸치를 탈출하자!

납치당하는 뇌 : 감정에 좌우되는 우리의 선택

2023년 대한민국에 분노조절 장애를 앓는 사람이 1만 명을 넘는다는 보도가 있었다. 지난 9월 16일 새벽, 서울의 한 주점에서 일어난 사건이다. 여자 두 명이 술을 마시고 있었고, 이를 본 젊은 청년들이 다가와 합석을 시도했다. 그러나 여자의 남자친구가 등장해 청년 두 명을 폭행했고 그 결과 피해자들은 전치 2주, 3주의 부상을 입었다. 남자친구는 이미 수차례 분노 조절 문제로 처벌을 받은 전과자였고, 결국 다시 감옥으로 가게 되었다.

이 사건은 단순히 충동적인 폭력 행위로만 볼 수 없다. 이 남성의 뇌는 감정이 폭발하는 순간 이성적으로 상황을 처리하는 능력을 잃어버렸다. 그가 행동을 억제하지 못했던 이유는 바로 '편도체 납치' 때문이다. 감정을 조절하는 뇌의 편도체가 전전두엽의 기능을 차단하고 감정의 흐름에 따라 즉각적인 반응을 하게 만든 것이다.

⭕ 감정과 이성 사이에서 일어난 전쟁

우리가 감정을 느끼는 순간 뇌의 편도체는 빠르게 반응한다. 편도체는 뇌의 원시적인 부분 중 하나로 위험한 상황에서 빠르게 대응하도록 돕는 역할을 한다. 야생에서 포식자를 마주쳤을 때 도망치거나 싸우는 선택을 빠르게 할 수 있도록 하는 뇌의 '긴급 버튼' 같은 역할을 하는 것이다. 하지만 현대 사회에서는 이 편도체가 과도하게 활성화되면서 우리의 이성적인 판단을 방해하고 감정에 따라 행동하게 만드는 경우가 많다.

편도체 납치가 일어날 때 전두엽이라는 중요한 부분이 제대로 작동하지 않게 된다. 전두엽은 인간의 자제력과 계획력을 담당하는 뇌의 중심인데 이 부분이 감정적인 상황에서 억제력을 잃어버리면 충동적이고 이성적이지 않은 선택을 하게 된다. 이 현상은 특히 스트레스, 불안, 분노와 같은 강력한 감정 상태에서 자주 발생한다.

⭕ 감정에 사로잡힌 현대인들

분노조절 장애뿐만 아니라 쇼핑 중독, 알코올 중독, 게임 중독 등도 이와 비슷한 원리로 발생한다. 쇼핑 중독을 예로 들어보자. 현대 사회에서 많은 사람들은 자신의 스트레스를 해소하기 위한 방법 중 하나로 과도한 소비를 한다. 쇼핑 중독에 관한 기사만 찾아봐도 수십 편이 나온다. 사람들은 불안하거나 공허함을 느낄 때 감정을 달래기 위해 필요하지도 않은 물건을 구매하고 그 순간의 기쁨을 통해 위안을 얻는다. 하지만 이런 충동적인 소비는 결국 후회로 이어지고 다시금 스트레스와 불안이 증폭되면서 더 큰 중독으로 이어지는 악순환을 낳는다.

이 또한 편도체 납치의 연장선상에 있다. 쇼핑 중독에 빠진 사람들은 합리적인 소비를 해야 한다는 이성적인 판단을 할 수 있는 전두엽의 역할이 약화되었기 때문에 감정에 따라 지금 당장의 구매의 만족감만을 원하게 된다.

○ 뇌의 성장과 자제력

뇌의 자제력을 담당하는 전전두엽은 남자의 경우 약 30세, 여자의 경우 약 24세가 되어야 완전히 발달한다. 전전두엽이 완전히 자라기 전에 감정 조절과 자제력을 학습하지 않으면 성인이 되어서도 감정에 쉽게 휘둘리기 쉽다. 이는 단순한 분노 조절 문제뿐만 아니라 삶의 모든 면에서 영향을 미친다.

그러나 자제력을 기르기 위해서는 단순히 전두엽을 강화하는 것만으로는 충분하지 않다. 편도체를 스스로 안전하다고 느끼게 해야 한다. 뇌는 상상과 현실을 구분하지 못하는 경향이 있다. 예를 들어, 가상현실을 체험할 때 롤러코스터를 타는 느낌을 받으며 진짜로 중력감을 느끼는 것처럼 말이다. 이처럼 뇌는 실제로 위험이 없는데도 불구하고 편도체가 과도하게 활성화되어 불안하고 위험하다고 인식되면 계속해서 긴급하게 대응하게 된다.

○ 편도체 납치를 풀어주는 법

그렇다면 어떻게 편도체 납치를 풀 수 있을까? 가장 효과적인 방법 중 하나는 상상을 통해 뇌를 진정시키는 것이다. 눈을 감고 매우 행복했던 순간을 상상하며 심호흡을 하면 뇌는 그 순간에 실제로 일어나고 있는 것처럼 반응하게 된다. 편안하고 안정적이며 행복했던 순간들을 자주 상상할수록 편도체가 더 이상 위기 상황이라고 인식하지 않게 되고 전두엽이 다시금 주도권을 차지하고 이성을 되찾게 된다.

오랜 시간 나와 함께 수업을 한 제자가 있다. 중학교까지는 한국에서 학교를 다니다가 고등학교부터 미국의 학교에 가기로 결심했다. 미국의 명문 고등학교를 여럿 지원하는 과정에서 면접에 대한 문제가 있었다. 대화를 할 때마다 깊이 심사숙고하는 신중한 성향의 학생이었기 때문에 면접의 비율이 높은 미국 명문고등학교 입학에서 면접이 큰 걸림돌이 되었다.

우선 제자와 면접 연습을 했다. 제자에게 면접을 볼 때, 자신 있게 이야기하는 학생이나 회사원의 영상을 보여주며, 자신이 정말 그런 사람이라고 믿도록 연습시켰다. 처음에는 자신 없어 하며 쭈뼛거렸다. 몇 주 후에는 점점 자신감을 갖게 되었고, 결국 원하는 미국의 명문 고등학교 면접에 합격할 수 있었다. 제자의 뇌는 상상 속에서 그를 자신감 있고 안전한 상태로 만들었고 전두엽은 감정을 조절하며 최선의 판단을 할 수 있게 도와주었다.

　우리의 뇌는 그 어떤 기관보다도 많은 에너지를 소비하며 그만큼 복잡한 메커니즘을 갖고 있다. 하지만 뇌의 작동 원리를 이해하고 훈련하면 감정에 휘둘리지 않고 더 나은 선택을 이어나갈 수 있다. 편도체가 납치당하는 순간 우리는 감정에 따라 충동적으로 행동하지만, 훈련을 통해 억제하고 전두엽이 주도권을 잡게 만들 수도 있다. 혹시 당신의 뇌도 편도체에 납치되어 시도 때도 없이 감정조절에 어려움을 겪고 있지는 않은가? 그렇다면 감정에 납치된 뇌를 풀어주고 전두엽이 이끄는 이성적인 선택을 할 수 있는 삶을 이해하고 배워보자. 그렇게 될 때 당신의 통장도, 뇌도 함께 통통해질 것이다.

대체 왜 우는 거지
: 깨져버린 감정거울?

식스세컨즈(6seconds)라는 교육기관에서 발표한 보고서에 따르면 최근 5년간 사람들의 감성 지수(EQ, Emotional Quotient)가 꾸준히 하락하고 있다고 한다. 이 현상은 비단 최근 5년뿐만 아니라 특히 MZ세대에게서 더 두드러지게 나타나고 있다. 그 이유는 무엇일까? 이유 중 하나로 꼽히는 것이 바로 스마트 기기에 오랜 시간 노출되면서 발생한 '감정적 둔감화'다.

MZ세대는 스크린과 매우 친밀한 세대다. 거의 24시간 스마트폰을 손에 쥐고 살며 끊임없이 정보를 흡수한다. 이들은 온라인 세계에서 자극적인 콘텐츠를 소비하면서 점점 더 스스로의 감정을 인식하고 타인의 감정에 공감하는 능력이 떨어지고 있다. 특히, 인공지능 알고리즘은 그들이 한 번 클릭한 자극적인 콘텐츠를 계속해서 노출시키며 결과적으로 스스로의 감정을 통제할 능력과 기회를 모두 앗아가 버린다.

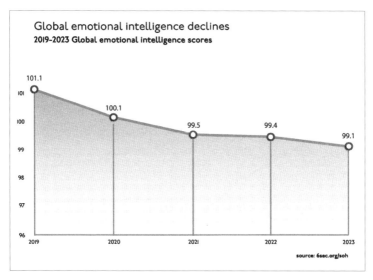

세계 감성 지수 하향 추세

⭕ 자극 과잉과 감정의 혼란

MZ세대는 자신이 정말 무엇을 원하는지조차 모른 채 끊임없는 자극에 노출된다. 한 번 자극적인 영상이나 썸네일에 끌리면 그들은 자신도 모르게 그쪽으로 계속 빨려 들어가게 된다. 그 과정에서 스스로의 판단력은 점점 희미해지고 마치 감정 거울이 깨져버린 듯한 상태가 된다. 타인의 감정에 공감하는 대신 자신도 모르게 알고리즘이 제공하는 자극적인 정보에 몰두하게 된다. 정작 내가 무엇을 원하는지 어떤 감정을 느끼고 있는지조차 모르는 상태가 된다.

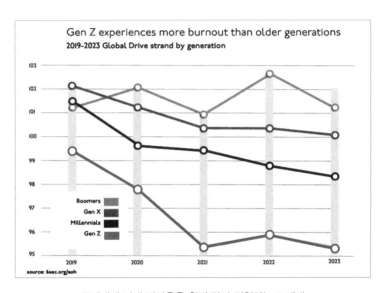

구세대에 비해 번아웃을 훨씬 많이 경험하는 Z 세대

대형 유튜버들이 '뒷광고' 사건으로 인해 사과 방송을 했던 것을 떠올려보자. 그 당시 사람들은 유튜버들이 정직하지 못한 방식으로 광고를 진행한 것에 대해 크게 분노했다. 관련 유튜버들의 영상 댓글창이 악플로 도배가 되기 시작했다. 뒷광고를 조사하는 유튜브 콘텐츠도 생겼다. 이 사건은 단순한 상업적 이슈를 넘어 MZ세대가 얼마나 정의감에 민감하며 동시에 얼마나 자극에 빠르게 반응하는지를 보여준다. 하지만 그들은 타인의 잘못에 민감하게 반응하면서도 정작 자신의 내면에 있는 감정은 혼란스러워 한다.

○ 공감 능력의 상실

사람들이 인터넷에서 수많은 정보와 자극에 빠져드는 동안 그들의 공감 능력은 점점 더 약해지고 있다. 스마트 기기를 사용하면서 비언어적인 신호(표정, 몸짓, 목소리 톤과 같은)를 놓치는 경우가 많아지며 이로 인해 인간의 감정 소통에 큰 영향을 미치게 되었다. 이러한 현상은 특히 전두엽의 기능 저하와 관련이 깊다.

전두엽은 타인의 감정을 읽고 공감하는 데 중요한 역할을 한다. 하지만 스마트폰과 같은 디지털 기기는 지속적으로 즉각적인 자극을 제공하여 도파민 분비를 촉진시킨다. 도파민은 순간적인 기쁨과 쾌락을 주지만 반복적인 자극에 노출되면 전두엽의 발달이 저해된다. 결과적으로 사람들은 타인의 감정에 둔감해지고 공감 능력이 떨어지는 것이다.

나는 어렸을 때부터 비디오 게임과 TV에 많이 노출된 아이였다. 부모님 두 분 모두 아침 일찍 일을 가서서 저녁에 들어오는 순간까지 온종일 화면을 보며 자라다 보니 공감 능력이 현저히 낮아졌다. 결혼 후 여행을 가도 재미를 느끼지 못했고 아내와의 일상적인 대화에서도 그녀의 감정을 읽지 못했다. 그녀가 왜 슬퍼하는지, 왜 기뻐하는지를 이해할 수 없었고, 그저 당혹스러울 뿐이었다. 심지어 나는 '내가 소시오패스나 사이코패스가 아닐까'라는 생각을 한 적도 있었다.

단순하게 뇌가 내 행동에 맞춰서 변한 것뿐인데, '나는 원래 여행을 싫어하는구나. 하지만 가족을 위해 어쩔 수 없이 가야 해.',

'나는 사람들과 공감을 못하는구나. 하지만 사회생활을 위해 공감하는 척 연기해야 해.'라고 자기 합리화에 빠져 버렸다. 더욱 나쁜 것은 합리화를 넘어서 나를 불쌍한 사람이라고 여기는 자기 연민에 단계까지 나아갔다. '나는 이런 사람이야.'라고 스스로를 틀에 가두게 되었다. 그리고 뇌는 내가 나에 대해서 생각한 대로 정말 그런 불쌍한 사람으로 만들어 갔다.

하지만 인생의 막바지에서 나는 내 인생을 선택하기로 했다. 다행스럽게도, 이런 나의 뇌도 변화는 가능했다. 독서와 자기계발을 통해 나는 타인의 감정에 조금씩 반응하기 시작했다. 독서 모임에 나가고 다른 사람들의 이야기를 들으면서 점점 상대의 마음을 진심으로 공감하는 나를 발견할 수 있었다. 이 경험은 나에게 굉장히 신선했고 나 자신도 다시 돌아볼 수 있는 기회가 되었다.

○ 부자 동네와 가난한 동네, 그리고 공감 능력

흥미로운 사실은 공감 능력의 상실은 특정 지역에서 더 두드러지게 나타난다는 것이다. 부자 동네와 가난한 동네 양극단에서 모두 공감 능력이 떨어지는 모습을 발견할 수 있다. 부자 동네에서 공감 능력이 떨어지는 곳은 주로 교육열이 높은 지역에서 많이 나타나고 있다. 부유한 동네일수록 학업 성취가 중요한 환경일수록, 사람들은 서로의 감정에 관심을 덜 두고 성과나 결과에 더 집중한다.

서울에 위치한 부유한 동네에서는 아이들은 대부분 경쟁적인 교육 환경에 놓여 있다. 이로 인해 타인의 감정에 대한 공감보다는 자신의 성과에 집중하게 되는 경향이 생긴다. 심지어 이곳에서는 높은 학벌을 자랑하는 부모들조차도 감정 소통보다는 성적이나 성취에만 관심을 두는 경우가 많다. 그 결과 아이들은 성적 압박과 기대 속에서 자라며 공감 능력이 서서히 퇴화된다.

반면 가난한 동네에서는 감정적 방치가 주된 문제가 된다. 부모들이 경제적으로나 정신적으로 지쳐 있어 아이들과 충분히 소통하거나 그들의 감정을 돌보지 못하는 경우가 많다. 이로 인해 아이들은 스스로의 감정에 둔감해지고 타인의 감정을 인식할 기회를 잃어버린다. 이러한 아이들은 사회적 고립감을 느끼기 쉽고 감정적으로 취약한 상태에서 자라난다.

이 두 극단적인 상황 모두 공감 능력의 상실로 이어진다. 부유한 환경에서 자란 아이들도 가난한 환경에서 자란 아이들도 각기 다른 이유로 감정적 연결이 부족하며 타인의 감정을 제대로 읽지 못하게 된다.

O MBTI T 성향과 F 성향의 공감

최근 유행한 MBTI 검사에서 T 성향(Thinking)이 있는 사람들은 주로 이성적이고 논리적인 사고를 하는 것으로 알려져 있다. 이들은 F 성향(Feeling)을 가진 사람들보다 감정적인 면에서 부족하다고 종종 오해된다. 그러나 T 성향의 사람들도 충분히 공감 능력을 키울 수 있다.

자수성가 3000억 자산가인 '디쉐어'의 현승원 의장은 스스로를 극T 성향이라고 말하며 논리적이고 분석적인 사고를 자랑하는 인물이다. 그러나 그는 또한 자신이 가진 부를 통해 많은 기부를 하고, 타인을 돕는 데 누구보다 열심이다. 그가 보여주는 공감과 나눔은 단순한 '감정'이 아니라 이성과 논리를 통해 선택된 공감인 것이다. 공감은 T 성향과 상충하는 것이 아니다. 공감 능력은 F 성향을 가진 사람들만의 전유물이 아니다. T성향 자신만의 방식으로 공감능력을 키우고 진심어린 나눔을 실천할 수 있다. 중요한 것은 공감 능력을 어떻게 계발하고, 발휘하느냐에 달려 있다.

⭕ 협업과 공감의 중요성

현대 사회에서 협업은 필수적이다. 우리는 누구도 혼자 모든 일을 해낼 수 없다. 특히 팀워크가 중요한 직장에서나 프로젝트에서 공감 능력은 필수적인 요소로 작용한다. 협업은 단순히 각자의 역할을 분담하는 것에서 그치는 것이 아니라 서로의 감정과 생각을 이해하고 존중하는 과정을 포함해야 한다.

한국의 학생들이 가장 싫어하는 과제 중 하나가 조별 과제라는 사실은 의미심장하다. 어쩌면 당연한 결과다. 많은 학생들이 타인과 협력하는 데 어려움을 겪고 있기 때문이다. 한 반에 몇 명은 반드시 공감 능력이 부족한 학생들이 있고, 이들이 조별 과제를 진행하는 데 폭탄과 같은 존재가 된다. 내가 조금 일하면서 다른 사람들을 일을 많이 하게 할 수 있는 방법을 잘 사용하는 '테이커(Taker)'

와, 나만 생각하는 '나르시스트(narcissist)'의 공통점은 '공감능력 부족'이다. 내가 손해 보더라도 진심으로 타인을 돕고 나누어 주려는 '기버(Giver)'들을 호구로 만들어 버린다. 이런 현상은 단지 성격 문제로만 치부할 수 없는 사회적 문제다. 공감이 부족한 사회에서는 진정한 협력이란 이루어지기 어렵다.

⭘ 과학이 증명하는 공감 능력의 저하

심리학과 뇌과학 연구들은 스마트폰과 같은 디지털 기기의 과도한 사용이 공감 능력에 미치는 부정적인 영향을 분명히 밝혀내고 있다. 미국의 심리학 저널인 《Psychology Today》에 따르면, 스마트 기기를 과도하게 사용할수록 뇌의 전두엽 기능이 약화되어 타인의 감정을 인식하고 공감하는 능력이 저하된다는 연구 결과가 있다. 이는 사회적 상호작용을 더욱 어렵게 만들며, 장기적으로는 외로움과 고립감을 심화시킬 수 있다.

많은 MZ세대 들이 카톡이나, 인스타 DM, 댓글을 통해 친구들과 소통한다. 《SPSP(Society for Personality and Social Psychology)》에 따르면, 채팅을 통한 대화는 비언어적 신호를 놓치게 만들기 때문에 감정적 소통에 매우 부정적인 영향을 미친다. 이는 인간관계에서 중요한 감정적 단서를 잃어버리는 것과 같다.

사람들이 과도하게 스마트폰에 의존하게 되면 즉각적인 만족감과 자극을 계속해서 찾게 된다. 도파민 시스템이 과부하되면서 그들은 더 깊은 감정적 연결을 이루는 데 어려움을 겪게 된다. 단기적으로는 즐거움을 얻지만, 장기적으로는 타인과의 감정적 유대감을 형성하는 능력이 점차 약화된다. 이렇게 상대의 감정을 비추는 공감의 거울은 천천히 금이 가기 시작하고, 상대의 감정이 비틀이진 모습으로 심지어는 거의 분별이 안 될 정도로 왜곡되어 내 마음에 비춰진다.

O 깨져버린 감정 거울을 다시 세우다

깨져버린 감정 거울은 다시 회복할 수 있다. 당신이 사람들과 함께하며 그들의 감정을 이해하고 공감하는 능력을 키우는 과정은 느리고 힘들 수 있지만 그만큼 중요한 일이다. 공감 능력은 우리가 인간답게 살아가는 데 필수적인 요소다. MZ세대가 스마트폰과 스크린에서 잠시 벗어나 서로의 감정을 마주하는 시간이 더 많아진다면 분명 더 행복하고 만족스러운 삶을 살 수 있을 것이다.

혹시 당신도 스크린에 노출되는 시간이 많은가? 타인에 대한 공감능력은 어떠한가? 특히 당신 가까이 있는 배우자나, 자녀들의 감정은 어떠한가? 당신은 이러한 문제의식을 인지하고 당신의 감정 거울을 다시 세워야 한다. 스마트폰이 제공하는 즉각적인 자극에 무조건 반응하기보다는 타인과의 깊은 대화에서 진정한 감정적 소통을 연습하고 훈련하는 것을 통해 깨져버린 거울을 고치는 것이 중요하다.

내 뇌는 움직이기
싫어합니다

대부분의 사람들은 자신이 가진 현실에 만족하지 않는다. 내 인생을 변화시키고 싶어 하고, 더 나은 방향으로 이끌고 싶어 한다. 부자가 되고 싶어 하고, 더 건강해지고, 더 예뻐지고 싶어 한다. 이것은 인간의 아주 기본적인 본능이다. 자기 자신을 더 나은 사람으로 만들고 싶어 하는 향상심은 누구에게나 내재되어 있다. 하지만 그 욕구에 맞춰 행동하는 것은 결코 쉽지 않다.

더 나은 몸매를 위해 먹는 것을 절제하고, 운동을 하고, 내가 하기 싫은 것을 해내야 한다. 더 많은 돈을 벌기 위해 SNS를 배우고, 시간을 쪼개서 유튜브 영상을 찍고 편집하는 과정을 익히며, 새로운 기술을 배우고 사업을 확장하는 것은 매우 어려운 일이다. 예상보다 이모든 과정이 어렵다. 사람들은 간단하고 쉽다고 말할 수 있지만, 우리의 뇌는 새로운 패턴을 깨는 것을 매우 어려워한다.

뇌는 우리 몸의 약 20%의 에너지를 사용한다. 새로운 습관을 만드는 과정은 뇌에게 있어서 매우 큰 부담이 된다. 특히 뇌는 에너지를 절약하려는 경향이 강하기 때문에 익숙한 것, 편안한 것을 선택하려 한다. 특히 새로운 것을 배우거나 시도하는 과정에서 빨리 익숙한 원래 모습으로 돌아가게 만든다. 내 삶에 또 하나의 작심삼일을 만들어 낸다. 나이가 들수록 뇌는 새로운 도전을 더욱 꺼리게 되는데, 이는 에너지가 줄어드는 몸과 함께 뇌 역시 적응하려는 속성 때문이다. 뇌는 새로운 것을 배우고 형성하는 과정에서 많은 에너지를 소비하기 때문에 가능한 한 변화를 피하려 한다.

O 뇌의 에너지 절약과 변화 회피

새로운 습관을 형성하는 것이나 복잡한 의사결정을 내리는 것은 뇌에게 큰 부담이 된다. 그래서 사람들은 새로운 도전에 직면했을 때 주저하게 된다. 뇌의 에너지 절약 본능은 변화를 어렵게 만들고, 기존의 패턴을 유지하려는 경향을 강화한다.

뇌가 새로운 정보를 학습할 때 소비되는 에너지는 평소보다 크게 증가한다. 특히 시냅스 가소성(synaptic plasticity)은 이러한 에너지 소모의 원인 중 하나로, 새로운 학습을 통해 신경 회로를 형성하고 강화하는 과정에서 많은 에너지가 필요하다. 이는 뇌가 새로운 정보를 받아들이기보다는 익숙한 패턴을 반복하는 것이 더 쉬운 이유 중 하나다. 반복 학습을 통해 강화된 신경 경로는 변화를 회피하고 기존의 습관을 유지한다.

뇌의 보상 시스템 역시 새로운 도전이 어려운 이유 중 하나다. 내가 즐거움을 느꼈던 것과 비슷한 유형을 찾기 때문에 사람마다 취향이라는 것이 생긴다. 변화를 시도할 때 뇌는 불편함을 느끼고, 보상 호르몬인 도파민이 충분히 방출되지 않으면 새로운 행동을 지속하기 어렵다. 뇌가 새로운 행동을 보상과 연결하지 않으면, 결국 우리는 기존의 습관을 고수하게 된다. 이는 변화를 두려워하는 우리의 본능을 강화시킨다.

○ 부자가 되기 위한 탁월함

많은 사람들이 열심히 살면 부자가 될 수 있다고 생각한다. 그러나 열심히 산다고 해서 모두 부자가 되는 것은 아니다. 부자가 되기 위해서는 '탁월함'이 필요하다. 탁월하다는 것은 단순히 열심히 사는 것이 아니라 어제 하지 않았던 것을 오늘 시도하는 것이다. 즉, 어제와는 완전히 다른 내가 되어가는 것이다. 내가 익숙하지 않은 것을 배우고, 도전하며, 매일 새로운 것을 시도해야 한다.

AI 시대가 도래했음에도 불구하고 여전히 많은 사람들이 AI를 활용하지 못하고 있다. 예전에는 글을 손으로 직접 썼지만 요즘은 클로바노트와 같은 AI 도구를 활용해 녹음을 먼저 하고 이를 기반으로 글을 작성한다. 챗GPT를 활용해 논문과 자료를 찾고 검토하는 과정은 처음에는 불편했다. 원하는 자료를 잘 찾지 못하는 것 같고, 자꾸 거짓말(할루시에이션)을 했기 때문이다. 지금은 더욱 구체적인 질문을 통해 더 효율적으로 사용하게 되었고, 자료 찾는 시간을 많이 절약해 주고 있다.

　이러한 과정은 처음엔 불편할 수밖에 없다. 하지만 불편함을 감수하지 않는다면, 그저 뇌가 지시하는 대로 움직이는 것에 불과하다. 뇌는 새로운 시도를 막으려고 하지만 그럼에도 불구하고 계속해서 도전해 나가야 한다. 그것이 성공의 열쇠다. 내가 AI를 처음 활용했을 때에도 내 마음대로 되지 않는 것 같았고 AI가 바보 같다는 생각이 들었지만, 사실 AI를 제대로 활용하지 못한 것은 나 자신이었다.

O 성공한 고객의 사례

　한 고객은 기존의 직장을 그만두고 새로운 창업에 도전했다. 그는 청소업을 시작했는데, 처음에는 청소만 했지만 이후에는 블로그 마케팅을 통해 자신의 청소 현장을 기록하고 홍보했다. 매일매일 블로그에 글을 올리고 SEO(Search Engine Optimizatio : 검색엔진최적화)를 활용해 검색 상위에 노출되도록 노력했다. 이러한 꾸준한 노력 덕분에 그는 빠르게 성공할 수 있었다.

　그 고객은 단순히 청소만 한 것이 아니라 온라인에서 더 나은 청소 방법을 배우고 이를 업그레이드하며 자신만의 노하우를 쌓았다. 그 결과 일감이 점점 늘어나자 동종 업계에 자신보다 경력이 많은 사람들을 고용해 하청을 주기 시작했고, 자신의 시간은 블로그를 작성하는 데 더 많이 사용했다. 주변에 친해진 20년, 30년 넘은 청소업체 사장님들에게 블로그를 쓰라고 조언을 해주었지만 대부분은 "시간이 없다"라며 거절했다. 결국 그 사장님들은 나중에 그 고객의 하청 업

체가 되었다. 불편함을 감수한 그 고객은 그 덕분에 더 크게 성공할
수 있었다.

○ 뇌의 불편함 극복하기

뇌는 익숙한 것을 선호하고 새로운 것을 받아들이기 어려워한
다. 이 때문에 우리는 쉽게 변화를 두려워하고 기존의 패턴을 고수
하려 한다. 하지만 성공한 사람들은 뇌의 이러한 경향을 이겨내고,
불편함을 감수하며 변화를 시도해왔다.

뇌의 에너지 절약 본능을 극복하고 새로운 습관을 형성하는 데 필
요한 것은 꾸준한 자극과 도전이다. 이는 단기적으로는 불편할 수 있
지만, 장기적으로는 성공으로 이어질 수 있다. 성공한 사람들의 공통
점은 바로 뇌가 주는 불편함을 극복하고 새로운 자극을 계속해서 뇌
에 주었다는 것이다.

당신의 하루는 새로운 도전으로 가득 차 있는가? 만약 그렇지 않다
면 지금이 바로 뇌를 깨울 때다. 뇌는 본능적으로 에너지를 절약하려고
하지만 이를 극복해 내는 것이 성공의 열쇠이다. 불편함을 감수하고, 계
속해서 도전하는 것만이 더 나은 삶으로 나아갈 수 있는 방법이다.

이 책을 계속 읽으면서 더 나은 삶을 위한 준비가 되었는지 스스
로에게 물어보자. 뇌는 움직이기 싫어하지만, 당신의 의지로 그 움직
임을 만들어낼 수 있다. 이제 더 많은 방법들이 뒤에 기다리고 있
다. 함께 내 뇌를 알아가고 그것을 바탕으로 내 뇌를 움직이게 만
들자.

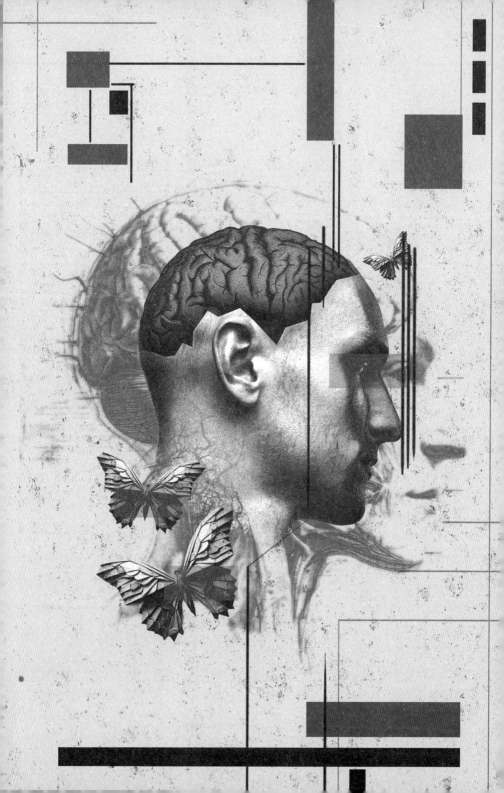

Chapter
4

아무도 알려주지 않은
1% 성공을 입은
뇌 연금술

자녀의 뇌에
성공을 입혀주는 문화

가족여행을 갔던 5성급 호텔에서 여행 마지막 날, 아이들이 일어나기 전 이른 아침 일찍 사우나에 다녀왔다. 호텔 내에 있는 사우나에서 유독 내 마음을 이끄는 한 장면이 눈에 띄었다. 이른 새벽 아침, 내가 사우나에 들어가고 얼마 지나지 않아 한 중년 남성이 나이가 지긋해 보이는 아버지를 모시고 들어왔다. 그들의 모습은 어딘가 모르게 여유로워 보이고 심지어 한가해 보이기까지 했다.

심상치 않은 아우라를 느낀 나는 두 분 곁으로 좀 더 가까이 다가가 보았다. 둘 사이의 대화는 품위가 있었고, 자식이 부모를 정성껏 모시는 모습은 참으로 아름다웠다. 부자 사이의 관계는 가깝고 친근해 보였지만 그 안에 절제된 예의도 녹아 있었다. 그들을 보며 나도 나중에 아들과 저런 관계를 맺고 싶다는 부러움이 문득

들었다.

두 부자의 아침 루틴은 남달랐다. 70대 후반으로 보이는 아버지와 중년의 아들은 함께 냉탕과 사우나를 오가며 사우나를 즐기고 있었다. 냉수마찰을 몇 차례 반복하는 모습은 마치 일상처럼 익숙해 보였다. 냉탕의 온도는 무려 19였다. 차가운 물이 그들에게는 아무렇지 않은 듯 평온해 보였고, 특히 아버지의 몸은 나이가 무색할 정도로 군살 하나 없는 건강한 상태였다. 두 부자의 습관적인 듯 자연스러운 행동들을 지켜보면서 나는 그들의 다른 성공 루틴들도 보고 싶다는 생각이 들었다. 분명 두 분의 행동은 뇌를 사용하는 방식과 관련이 있었다.

○ 찬물 샤워와 뇌의 관계

뇌 과학적으로 찬물 샤워는 여러 긍정적인 영향을 미친다. 앤드류 후버만(Andrew Huberman) 교수의 연구에 따르면 찬물 샤워는 우리 몸 속 신경계를 자극해 에너지 수준을 급속도로 높이고 집중력과 정신적 명료함을 향상시킨다. 찬물에 몸을 담그는 것은 일시적으로 스트레스 반응을 유도하는데, 이를 통해 뇌는 더 효과적으로 각성되고 작동하도록 훈련된다. 또한, 찬물 샤워는 도파민과 같은 기분을 좋게 하는 신경전달물질의 분비를 촉진하여 뇌의 전반적인 기능을 강화한다.

내가 사우나에서 보았던 두 부자는 이런 찬물 샤워의 혜택을 알고 했던 것일까? 알고 있든, 모르고 있든, 냉탕과 사우나를 오가며 했던 냉수마찰 행동은 그들이 건강하게 나이를 먹고 성공을 유지할 수 있었던 비결 중 하나였을 것이다. 찬물 샤워에 대한 여러 가지 이점과 방법은 〈부록〉에서 더 자세히 다루도록 하겠다.

O 성공과 뇌 사용법

자기계발도 이와 같은 원리다. 성공한 사람들은 남들과는 다른 방식으로 뇌를 훈련하고 관리한다. 그들의 사고방식과 생활습관은 마치 찬물 샤워처럼 일견 단순해 보이지만 그 효과는 매우 강력하다. 그들은 원하는 것들을 끌어당기고 우주가 그들을 돕는다고 느낀다. 이는 마치 마법이나 뜬구름 잡는 소리처럼 보일 수 있지만, 실제로는 그들이 뇌를 적절히 활용하는 방법을 알고 있기 때문이다.

최근 뇌과학 연구는 이러한 뇌를 기반으로 한 성공 패턴을 과학적으로 입증하기 시작했다. 과거에는 단순히 '믿음'이나 '운'으로 설명되던 것들이 이제는 신경과학적으로 설명이 가능해졌다. 당신의 뇌는 당신이 상상하는 것 이상의 가능성을 가지고 있으며 그 잠재력을 끌어내는 것이야말로 자기계발의 핵심이다.

O 내가 경험한 자기계발의 힘

나 또한 12년간 자기계발을 해오며 놀라운 변화를 경험했고 여전히 경험 중이다. 처음에는 상상도 할 수 없던 일들이 하나둘씩 현실로 나타나기 시작했다. 나는 꿈에 그리던 53평 집에서 살고 있고(덕분에 서재가 5배 더 커졌다.), 약 30kg의 체중을 감량했으며, 아내와 함께 6권의 책을 출간했다. 이 모든 것은 내가 스스로 뇌를 훈련하고, 그 잠재력을 최대한 끌어낸 결과다. 특히 가족과의 관계는 내 인생에서 가장 큰 보람 중 하나다. 아내와 나는 세 명의 사랑스러운 자녀를 키우고 있으며 그들에게 스스로 자신이 원하는 인생을 창조하는 최고의 삶을 사는 방식과 지혜를 물려주기 위해 노력하고 있다.

이 과정에서 깨달은 것이 있다. 자기계발은 단순히 목표를 이루는 것이 아니라 평생 나 자신을 끊임없이 성장시키는 여정이라는 것이다. 그리고 그 여정의 핵심은 바로 내 뇌를 어떻게 사용하느냐에 달려 있다. 냉장고가 신선식품들을 오랫동안 보관해 주듯 뇌는 당신의 성공 패턴을 저장하고 언제든 꺼내어 쓸 수 있게 만들어 준다. 당신은 뇌에 저장된 당신만의 고유한 성공 패턴을 꾸준히 계발해 나가고 있는가?

○ 자녀에게 물려줄 성공적인 문화

자녀가 원하는 삶을 살게 하고 성공한 인생으로 나아가게 하고 싶다면 단순히 물질적인 것을 넘어서야 한다. 자녀로부터 존경받는 부모가 되려면 자녀에게 어떻게 뇌를 사용해야 하는지, 그리고 그것이 인생에 어떤 변화들을 가져올 수 있는지 직접 가르쳐야 한다. 호텔 사우나에서 마주했던 두 부자가 보여 준 모습처럼 일상 속 아주 작은 습관에서부터 성공은 시작된다. 냉수마찰을 하는 행위는 고작 5~10분 내외였지만 그 짧은 시간 동안 행해진 루틴은 그들의 뇌와 신체를 온종일 최상의 상태로 유지하는 데 도움을 준다. 이런 작은 습관들이 모여 자녀의 뇌를 최적화시켜 준다면 어떤 기적이 일어날까?

자녀에게 이러한 문화를 물려주는 것은 그들의 뇌를 최적화할 수 있는 능력을 심어주는 것과 같다. 이런 능력을 하나둘씩 물려줄수록 자녀는 앞으로 스스로의 인생에서 더 큰 성공을 경험하게 될 것이다. 내가 직접 경험한 것처럼 뇌과학의 발전과 더불어 우리는 더 나은 삶을 향한 열쇠를 찾고 있다. 이제 그 열쇠를 자녀들에게도 전해주어야 할 때다. 뇌과학적으로 검증된 방법들을 통해 당신뿐만 아니라 자녀의 삶까지 변화시킬 수 있다. 이 책에 나온 다양한 성공의 뇌를 만드는 방법들을 통해 자녀들에게 성공적인 문화를 물려주는 첫걸음을 시작해 보자.

마지막으로 훗날 중년의 나이가 된 자녀와 함께하고 싶은 성공 루틴들이 있다면 어떤 것인가? 그 성공의 루틴들이 쌓여 문화가 되고 그것이 가정 내 고유한 성공 철학으로 연결될 것이다.

내가 뇌에게 대접받고 싶은 대로 내 뇌를 대접하라

먼저 당신에게 흥미로운 질문을 던져본다. 오늘 당신의 최고 관심사는 무엇인가? 영화, 유튜브, 게임, 인스타그램, 패션, 마라톤, 운동…, 여러 가지 중 무엇이 떠오르는가? 당신은 지금 이 순간 얼마나 성공을 바라는지 스스로 생각해보라. 혹시 큰 성공은 다른 사람들의 이야기고 그저 오늘 하루만 아무 일 없이 무사히 지나가길 바라는가? 아니면 실컷 놀면서 늦잠을 잘 수 있는 주말만 오기를 바라며 평일을 무기력하게 보내고 있는가?

이 책을 여기까지 읽은 독자라면 그저 시간이 흘러가는 대로 살지는 않아야겠다고 깨닫거나 결심했을 것이다. 당신은 당신 인생에 성공이 덧입혀지길 누구보다 원했기에 이 책을 읽고 있다고 확신한다. 하지만 정말로 그 성공은 이루어질까? 끌어당김의 법칙을 믿는 사람들처럼 성공을 생각하는 것만으로도 정말 내 삶에 성공을 끌어당길 수 있을까?

나만의 아침 루틴으로 그 답을 대신한다. 나는 매일 아침 보통 사람들보다 조금 일찍 기상해 몇 가지 습관들을 실천한다. 터무니없을 정도로 큰 꿈이 그려진 사진을 보고, 내 꿈을 펜으로 직접 기록하며, 거울을 보면서 긍정확언을 외친다. 굳이 하지 않아도 삶에 아무 지장이 없는 이런 루틴들을 계속해서 실천하는 이유는 무엇일까? 그렇게 한다고 정말 인생이 바뀔까? 대답은 '그렇다'이다.

내가 이렇게 아침 시간을 보내는 이유는 성공의 목적지를 담은 인생 내비게이션, 망상활성계(Reticular Activating System, RAS)를 켜기 위해서다. RAS는 뇌간에 위치한 신경 네트워크로, 의식 상태, 주의력, 각성 등을 조절하는 중요한 역할을 한다. 특히 RAS는 우리가 주의를 기울여야 할 것과 무시해야 할 것을 걸러내는 필터 역할을 해준다. 그렇기에 RAS를 켜는 순간 당신은 외부에서 오는 수많은 정보들 중에서 가장 핵심적이고 중요한 것에만 집중할 수 있게 된다.

잠시 주위를 둘러보라. 무엇이 보이는가? 옆을 돌아보지 않은 상태에서 이야기해 보라. 주위에 빨간색은 어디 있었는가? 다시 한 번 둘러보면 빨간색이 더 강하게 보일 것이다. 그렇다면 파란색은 무엇이 있었는가? 아마도 파란색은 떠오르지 않을 것이다. 우리 뇌는 이런 식으로 중요하다고 인식한 것만을 선택적으로 집중하게 만든다.

RAS는 성공을 향한 스위치다. 이 스위치를 켜지 않으면 우리는 수백 번, 수천 번을 봐도 중요한 기회를 놓칠 수밖에 없다. 성공의 기회가 눈앞에 다가와도 보이지 않고 잡을 수 없는 것이다. 하지만 RAS를 켜는 법을 알면 일순간에 당신의 뇌는 기회를 포착하고, 그 기회를 잡을 수 있도록 도와줄 것이다.

○ 당신의 성공 내비게이션인 '뇌'를 올바르게 대접하라

당신의 뇌는 당신이 원하는 것을 이룰 준비가 되어 있다. 뇌는 당신을 보호하고 당신을 기쁘게 해주고 싶어 한다. 하지만 당신은 뇌를 어떻게 대접하고 있는가? RAS를 켜는 시간보다 연예인 가십, 게임, 인스타그램에 과몰입하거나, 부정적인 생각과 과도한 자극 속에서 뇌를 혹사시키고 있지는 않은가? 만약 그렇게 뇌를 사용한다면 뇌도 당신을 보호한다는 명분 아래 당신의 삶을 나락으로 이끌 것이다.

그러나 뇌에게 건강한 자극을 주기 시작하고 긍정적인 정보를 제공한다면 뇌는 RAS를 통해 당신이 원하는 삶으로 이끌어 줄 것이다. 당신을 성공으로 이끌어 줄 뇌를 올바르게 대접하는 방법을 알려주겠다.

1. 고래 꿈이 담긴 비전 보드를 작성하라

첫 번째로 비전 보드를 작성하라. 비전보드란 말도 안 될 정도로 큰 고래 꿈이 담긴 꿈의 사진첩이다. 나는 교육 사업을 시작한

직후부터 비전보드를 만들어 왔는데, 비전보드 덕분에 지금까지 무려 10년이나 교육 사업을 성장시킬 수 있었으며 비전보드 속 꿈이 현실로 이루어지는 것을 너무 많이 경험했다.

당신도 소소한 꿈이 아닌 고래 꿈이 이루어지는 현실은 한 번쯤 경험해 보면 어떨까? 고래 꿈이 담긴 비전보드가 완성된 후에는 가장 잘 보이는 곳에 걸어두고 비전 보드 속 사진들을 매일 보라. 그 사진 속 꿈들이 이루어졌을 때 행복한 감정을 느껴라. 비전보드를 자주 보고 느끼는 행위는 이미 그 목표를 이룬 것처럼 뇌를 속이는 작업이다. 뇌는 현실과 상상을 구분하지 못한다. 자주 반복되는 것이 현실이라고 믿게 된다. 만약 1개월 동안 같은 장소에 비전 보드를 걸어두었다면 다시 위치를 바꾸어라. 위치를 변경하는 이유는 너무 익숙해져서 감정이 느껴지지 않은 채 시각적으로 자주 노출만 된다면 오히려 피로감을 느껴 중요하지 않은 정보로 인식해 버리기 때문이다. 감정이 사그라질 때마다 새로운 장소로 옮겨 비전 보드를 걸어두면 뇌는 그것을 다시 중요한 정보로 인식하게 된다.

2. 내가 살고 있는 삶이 아닌 원하는 삶을 기록하라

두 번째로는 내가 현재 살고 있는 삶이 아닌, 내가 원하는 삶을 손으로 기록하는 것이다. 기록의 형태는 일기 형식과 같은 미래일기가 될 수도 있고, 단순하게 꿈을 이뤄주는 큰 목표들을 나열한 형태일 수 있다. 어떤 것이든 상관없다. 자신에게 맞는 방식대로 아침마다 당신이 바라는 삶을 노트에 손으로 써 보라. 머리 밖으로 튀어나온 뇌 중 하나인 '손'을 사용하는 과정에서 뇌의 많은 부분이 활성화된다. 그저 머릿속으로 상상하는 것과 손으로 기록하는 것의 효과는 다르다. 뇌는 손을 사용할 때 기가헤르츠(GHz) 단위의 정보가 흐르게 된다. 그 순간 뇌에 깊은 인상을 남기게 되고 뇌는 당신의 목표를 이루는 것이 더 쉽다고 여겨지게 된다. 마치 이것저것 깊은 고민만 할 때는 뚜렷한 답이 나오지 않다가 생각과 고민을 기록해 보다 보면 명료한 해결책이 떠오르는 것과 비슷하다. 오늘 내 스케줄러에는 살고 있는 대로 사는 삶이 적혀 있는가? 앞으로 미래의 내가 살고 싶은 삶이 적혀 있는가?

3. 꿈이 실제로 이루어진 것처럼 살아라

　세 번째는 이미 꿈이 이루어진 것처럼 사는 것이다. 세계적인 자기계발 전문가 벤저민 하디는 그의 책 《퓨처 셀프》에서 미래의 나로 살아갈 때 단기적인 유혹을 거부하고 장기적으로 이득이 되는 선택을 할 확률이 높아진다고 이야기했다. 단기적으로 나 자신을 들여다보면 장기적으로 건강한 선택을 하기보다 라면이나 튀김과 같은 자극적이고 맛있는 음식을 선택할 수 있다. 그러나 장기적인 안목으로 나를 생각하면 미래의 내가 더 건강해질 수 있는 단백질 셰이크나 건강식을 챙겨 먹게 된다. 뇌는 이처럼 장기적인 시각과 목표에 따라 다른 선택들을 하게 만든다.

당신이 살고 싶은 집이 있는가? 지금 살고 있는 집부터 당장 내가 살고 있는 꿈의 집이라고 생각하자. 미래에 이루어질 당신의 꿈대로 오늘 미리 살아보는 것이다. 성공의 뇌는 항상 '지금 현재' 버튼을 켜고 있다. 미래의 삶을 현재로 끌고 오는 것이야말로 뇌에 성공을 입히는 연금술이다.

대기업 중간 관리자 역할을 맡고 있던 한 사람이 있었다. 그가 있던 부서는 영업이 주요 성과지표였다. 최선을 다해가며 영업을 한 결과, 그가 속해있던 지점이 늘 상위권에 진입해 있었다. 그러던 어느 날, 그에게 갑작스러운 회사 통보가 떨어졌다. 전국에서 영업실적이 가장 낮은 지점으로 가서 직접 관리하라는 통보였다.

전국 꼴찌 지점으로 이동하자마자 그는 답답함이 몰려오기 시작했다. 하루 중 대부분이 쓸데없이 많은 회의와 업무로 꽉 차 있었고, 자신만의 시간은 꿈도 못 꿀 정도로 일정 관리가 거의 이루어지지 않았다. 직원들의 사기는 바닥을 치고 있었고 꼴찌 지점에 소속된 조직원들은 자신의 미래 목표를 명확하게 설정하지 못한 상태였기 때문에 늘 바쁜 일상 속에서 흐트러지기 일쑤였다. 그러던 어느 날 그가 우리 연구소에 찾아왔다. 나는 그에게 망상활성계(RAS)를 켜는 방법을 자세히 알려주었다. 누구보다 습득력이 좋았던 그는 망상활성계(RAS)를 켜는 방법을 배우자마자 그대로 실천하기 시작했다.

아침마다 최고의 성과를 이룬 조직을 시각화하는 연습을 시작했다. 매일 아침 거실에 자신의 목표가 담긴 비전 보드를 걸어두고 성과를 냈을 때의 모습과 그로 인해 얻을 수 있는 여러 기회들을 상상했다. 몇 달이 지난 후, 결과는 어떻게 되었을까? 그는 자신이 이끄는 조직원들을 최고의 성과를 낼 수 있는 사람들로 변할 수 있게 하는 리더가 되었다. 그의 자리에서 매일 RAS를 켜서 조직들의 사기를 북돋웠고, 디테일하게 영업에 성공하는 방식들을 알려주기 시작했다. 그의 선한 영향력 덕분에 그 지점은 결국 전국 꼴찌라는 타이틀을 벗고 국내 탑 실적이라는 명예를 달성하게 되었다.

후버만(Huberman) 교수의 연구[1]에 따르면, RAS는 우리가 주의를 집중해야 할 대상을 걸러내고 필터링하는 역할을 한다. 꼴찌 지점을 전국 최고 세일즈 지점으로 바꿀 수 있었던 이유는 자신의 목표를 시각화하고 이를 반복적으로 뇌에 주입함으로써 성과와 관련된 정보에 집중하고 이를 바탕으로 더 나은 결정을 할 수 있게 되었기 때문이었다. 그의 RAS는 마치 필터처럼 작동하여 다른 직원들이 사기마저 바꿔놓았으며, 조직원 모두가 성과와 관련된 기회를 인식하게 했고, 이를 기반으로 목표와 행동이 조정된 것이다. 그렇다. RAS가 활성화되면 우리 뇌는 주변의 정보를 선택적으로 걸러내어 목표와 관련된 정보에만 주의를 기울이게 된다.

---

1) Huberman, A. D., & Glickfeld, L. L., (2018). 〈The Neuroscience of Vision: Insights into Reticular Activating System and Goal-Oriented Attention〉, 《Journal of Vision Neuroscience》, 35(3), pp. 12-23.

당신의 삶에 RAS를 켜고 뇌를 올바르게 대접하라. 그렇게 되는 순간 뇌는 순식간에 당신을 데려다줄 목적지로 향해 깃발을 꽂는다. 당신의 뇌는 인생을 바꿔줄 가장 강력한 도구이며, 그 도구를 어떻게 활용하는지에 따라 당신의 미래 인생이 결정된다. 뇌를 대접하는 법을 배워라. 내가 먼저 대접받고 싶은대로 뇌를 대접하면 뇌도 곧 그에 상응하는 보답을 선물로 줄 것이다.

책임=행복,
쾌락=불행

⭕ 쾌락의 다른 이름 고통

"신기하단 말이지. 고통은 쾌락과 몸은 하나인데 머리가 둘인 것 같아."

사형을 당하는 날 소크라테스는 독약을 먹기 위해 손과 발에 수갑을 풀면서 이런 말을 했다. 며칠 동안 내 손과 발에 채워져서 나에게 고통을 가하던 것이 끝나자, 쾌락이 느껴진다는 것이다. 힘든 달리기나, 웨이트 트레이닝이 끝나 고통이 사라질 때 우리는 성취감과 함께 고통이 사라지는 것에 대한 쾌락을 느낀다. 소크라테스가 뇌과학을 공부했을 리는 없지만, 실제로 뇌에서 쾌락과 고통을 느끼는 부위는 같다. 큰 고통 뒤에 쾌락이 오듯이 큰 쾌락 뒤에 고통이 따른다. 심한 마약 중독인 사람들은 마약의 행복을 위해 마약을 하기보다는 마약 후에 오는 지독한 고통을 없애기 위해 마약을 원하는 경우가 더 많다. 우리가 쾌락을 위해 했던 모든 것들은 사실 고통을 남겼다.

고통의 무서운 점은 반복해서 경험하면 경험할수록 과민성이 생긴다는 것이다. 층간소음으로 윗집에서 쿵쿵 소리가 나면 처음에는 그냥 시끄럽다. 조용해 줬으면 좋겠다고 생각이 들지만, 점점 반복해서 층간소음이 들리면 머리까지 울리고 두통도 느껴질 정도로 천장 소음 과민으로 발전한다. 쾌락을 느끼면 이것을 중화하기 위해 우리 뇌는 고통을 만들어 낸다. 처음에는 쾌락이 커서 고통은 그저 쾌락이 끝난 후 '또 하고 싶다'라는 생각이 들 정도의 가벼운 갈망으로 시작하지만, 쾌락이 커질수록 고통 쪽에 있는 부분은 쾌락을 즐기는 동안 나도 모르게 과민성이 생겨 고통 쪽이 눌려 있는 상황이 된다. 마약에 심하게 중독된 사람은 약을 하고 있음에도 고통을 느끼게 되는데, 이것을 '오피오이드(Opioid) 유도 통각 과민'이라고 부른다. 그렇게 쾌락 속에서 고통은 점점 진화하고 강해진다. 이렇게 많은 시간과 에너지를 쾌락에 쏟아붓고 남는 것은 고통에 과민화된 뇌와, 강한 자극에만 동기가 부여되는 도망치는 뇌뿐이다.

도망치는 뇌는 크게 세 가지 변화를 가지고 있다.

- **전두엽 약화** : 집중력, 고등 사고력 저하
- **도파민 수용체의 저항성 증가** : 더 큰 자극에 동기부여가 되고 반응함

- **뉴런의 가지 돌기가 길어지고 많아짐** : 쾌락에 더 주도적으로 자극을 받고 찾게 됨

이들 변화가 하모니를 이루어 사람에게 직접적으로 주는 **첫 번째 치명적인 영향은 지연 가치 폄하(Delay discounting)다.** 지연 가치 폄하는 보상을 기다려야 하는 시간이 길어질수록 보상의 가치가 낮아 보이는 심리 현상이다. 사람이 만족을 미루는 능력이 확연히 줄어든다. 미루는 습관이 생기는 수준이 아니라. 내가 하기 싫지만 해야 하는 일을 미루는 데 특화된 뇌가 되는 것이다. 건강한 습관을 꾸준히 실천하는 것이 일반 사람들과 다르게 확연하게 힘들어진다.

의지력은 소모재이다. 하루에 사람이 사용할 수 있는 의지력은 정해져 있는데, 쾌락을 추구하는 뇌는 다른 사람들 보다 더 많은 의지력을 사용해야 내 인생에 도움이 되는 습관을 만들어 갈 수 있다. 4차 산업과 AI 시대가 시작되고 누구나 꾸준히 실행할 수 있는 실행력과 꾸준한 학습을 해낼 수 있다면 그 성공의 확률과 그 성공의 크기가 아주 큰 사회가 되었다. 쾌락을 추구하는 뇌는 이 꾸준한 실행과 학습력에 있어서 큰 패널티를 가지고 시작하게 된다. 100미터 달리기 정도가 아니라 40킬로미터가 넘는 마라톤 경주를 해야 하는데, 나만 30kg가 넘는 짐을 지고 달리는 것이다. 키가 150㎝밖에 안되는데 2m 되는 사람들과 농구나 배구 경기를 해야 하는 것이다.

펜실베니아 대학 심리학 교수이자 《포천》 500대 기업 CEO들의 자문위원인 앤절라 더크워스는 사람의 재능과 환경은 성공에 결정적인 요인이 아니라고 말한다. 자신이 성취하고자 하는 목표가 있다면 어려움과 역경, 슬럼프가 있더라도 그 목표를 향해 오랫동안 꾸준히 정진할 수 있는 능력인 '그릿(Grit)'이 성공에 결정적인 요인이라고 이야기한다. 수학 경시대회의 우승자들, 탁월한 연주자들, 소설가, 연기자, 사관학교 졸업생 등등 모두 그릿 능력이 높은 사람이 큰 성공을 거두었다. 쉽게 말해, 하기 싫어도 내가 원하는 것이 있다면 결과가 안 나와도 꾸준히 해낼 수 있는 능력을 가진 사람이 성공한다는 것이다. 도망치는 뇌를 가진 사람은 너무나 불리한 세상이란 말이다.

누군가는 "내가 좋아하는 걸 해서 돈을 벌면 되지 않느냐?"라고 질문하고 싶을 것이다. 내가 좋아하는 일로 돈을 벌기 위해서는 내가 하기 싫어하는 일이 꼭 섞여 있기 마련이다. 게임을 너무 좋아하는 아이들이 프로게이머가 되기 위해서는 하기 싫은 게임 연습이나 컨트롤 연습을 꾸준히 해야 한다. 유튜버가 되고 싶은 사람들도 지루한 편집이라는 과정을 거쳐야 한다. 심지어 수십 시간 편집한 결과물이 초라한 조회수를 갖게 되더라도, 포기하지 않고 자신의 성공한 모습을 상상하며 끊임없이 올려야 한다.

두 번째 치명적인 문제는 손실추구(loss chansing)이다. 심지어, 게임에 지고 이기는 쾌락의 차이가 클수록 더욱 중독되어 쾌락을 위해 스스로 인생을 바닥으로 몰아간다. 계속 질수록 쾌감이 커지는 손실 추구(loss chasing)마저 생겨 버리면, 정말 손을 쓰기가 힘든 상황이 된다.

어떤 물질이나 행동이 자신이나 타인에게 해를 끼침에도 그것을 지속적으로 소비하거나 활용하게 된다. 즉 '중독'이 생긴다. 도파민 중독은 단순한 쾌락 추구를 넘어서서 우리 삶의 여러 측면에 부정적인 영향을 미친다. 우리의 뇌와 몸에 장기적인 변화를 초래한다. 단순한 습관의 문제가 아니라, 우리의 뇌 구조와 기능을 변화시키는 심각한 문제이다.

반대의 사람도 있다. 〈세바시〉 강연에서 400만 명이 넘게 들은 강의를 한 오현호 파일럿은 사람의 성공은 고통을 얼마나 견뎌낼 수 있느냐에 달렸다고 한다. 아무리 놀라운 재능을 가진 사람이라도 그 재능을 갈고닦는 세공의 시간을 거치지 않으면 그 가치가 올라가지 않는다. 그리고 세공은 고통이 따르고 내가 하고 싶은 일을 하기 위해 해야 하는 일을 꾸준히 해내는 시간들이 필요하다. 손흥민 선수도, 유재석 씨도, 많은 성공한 유튜버들도 그들이 자신을 세공하며 보낸 꾸준한 시간들이 그들을 더욱 가치롭게 만드는 것이다. 나의 가치도 마찬가지이다. 내가 원하는 목표를 정하고 나를 세공하는 시간을 가져야 한다. 운동, 공부, 독서, 마케팅, 영업, 강의, 글쓰기, 책쓰기, 운영, 프로그래밍, 디자인 등등의 영역에서 내 실력을 쌓고 세상에 기여할 수 있을 정도의 가치를 만들어 내고 알리는 것. 이것이 내가 원하는 삶을 살아낼 수 있는 비결인 것이다.

여러분의 하루는 어떠한가? 하고 싶은 것과 해야 하는 것 중 어떤 것을 선택하는가? 분명 여러분이 원하는 삶으로 이끌어 주는 것은 해야 하는 것을 선택했을 때 더욱 가까워지리라고 확신한다.

그렇다면 그렇게 지겨운 일만 하면서 고통을 선택하면 행복은 어디서 찾을 수 있을까? 계속 고난만 지속되는 세상이라면, 이렇게 살다가 먼저 죽어버리기라도 한다면 얼마나 억울한 삶일까?

○ 고통을 먼저 선택하면 하루가 달라 보인다

부모님의 이혼, 7등급의 꼴찌 인생으로 삼성 마케팅팀 입사, 히말라야 등반, 철인 3종경기, 사막 마라톤 완주, 〈세바시〉 400만 뷰 강의의 주인공 부시파일럿 오현호 작가는 이렇게 말했다.

"우리가 지루하게 느낄 수 있는 이 세상을 얼마나 다르게 보느냐가 행복을 찾는 길입니다."

오현호 작가는 28살에 파일럿이 되었지만, 매일 서는 활주로가 한 번도 같았던 적이 없었다. 그날의 날씨, 온도, 활주로의 환경, 들가에 피어있는 꽃도 같은 상태였던 적이 한 번도 없었다. 이렇게 신나는 일을 하면서 돈을 벌 수 있다니 믿어지지 않았다. 그는 매일 같은 장소에 있는 다른 활주로에 올랐고, 같은 공간에 떠 있는 다른 하늘을 만났다. 그는 고통이 따르는 곳을 갔다. 사막 마라톤을 일주일 동안 발바닥이 다 벗겨지도록 달리기도 했다. 그렇게 자발적으로 고통을 택한 힘을 다른 사람들에게 강연하기 시작했고, 베스트셀러 작가, 대기업들이 사랑하는 강사가 되었다. 그는 스스로 행동력을 증명하기 위해 출판사를 직접 창업했고, 그가 집필한 행동력 수업은 출간도 전에 교보문고 베스트셀러 자기계발 13위에 올랐다. 그와 처음 만난 날 커피숍에서 그에게 물었다.

"지금 하고 계신 행동력 수업 프로젝트는 왜 하시는 거예요?"

그는 0.1초도 망설이지 않고 씨익 웃으며 나에게 말했다.

"실패하려고요."

한국은 자살률이 세계1위이지만, 우울증 약을 먹는 사람은 1.3%다. 미국은 자살률이 1위는 아니지만 우울증 약을 먹는 사람은 10%가 넘는다. 대한민국 성인 인구가 약 4천만인데 미국에서는 그 절반이 넘는 2,600만 명이 넘는 사람이 우울증 약을 복용 중이다. 심지어 미국 성인의 25%인 6천 6백만 명이 매일 정신치료제를 먹는다. 대한민국 성인 인구의 1.5배가 넘는 사람들이 매일 정신치료제를 먹고 있다. 우리는 모두 고통을 피하고 싶어 한다. 하지만 고통으로부터 보호하기 위해 도망하려는 시도들은 고통을 더욱 악화시킨다.

고통을 없애려면 고통을 받아들여야 한다. 내 삶을 원하는 삶으로 만들어가고 싶다면 고통을 택하라. 고통을 내 삶으로 끌어들여라. 좁은 길, 남들이 가지 않는 길, 옳은 길인데도 손가락질을 받는 길을 선택할 때 내 삶이 원하는 방향으로 움직이기 시작한다. 건강을 위해 운동을 하거나, 음식을 절제하거나, 내 성장을 위해 책을 읽고, 내가 해야 할 일에 집중하며 시간을 보내는 것들은 고통스럽다. 당장 나에게 쾌락을 줄 수 있는 것들이 가득한데 이런 고통스러운 시간을 보내는 것이 결국 나에게는 행복으로 다가온다. 자신을 구속하는 것이 곧 자유로워지는 길이다.

고통을 먼저 택하면 반대로 쾌락이 따라온다. 고통을 중화하기 위해 몸에서 쾌락물질들을 분비하기 때문이다. 달릴 때 느끼는 러너스하이(엔돌핀), 영하에 가까운 찬물에 몸을 담그고 뒤에 찾아오는 도파민과 노르에피네프린은 모두 고통을 먼저 선택했기 때문에 따라오는 몸의 보상이다.

찬물 입욕을 1시간 하면 도파민은 250%, 노르에피네프린은 530% 증가한다. 미스터 올림피아 우승자 크리스 범스테드는 얼음을 가득 넣은 얼음물 욕조에 몸을 담그는 것으로 1,600만 회 조회수를 넘겼다. 1회 강연료가 13억인 세계 최고의 강연가 토니 로빈스는 본인에 저택에 14℃가 되는 찬물 잠수 전용 소형 수영장을 가지고 있다.

쾌락을 지향하는 삶은 우리 생활 속에 깊숙이 침투해 있으며, 이를 극복하는 것은 쉽지 않다. 그러나 작은 변화와 실행으로 쾌락 중독을 극복할 수 있다. 새로운 습관을 만들고, 지속적으로 노력한다면 우리는 건강한 삶을 살아갈 수 있을 것이다. 쾌락이 아닌 절제를 통해 책임을 선택하고, 우리의 삶을 더 나은 방향으로 이끌어 나가자. 우리의 뇌와 몸은 절제와 책임을 통해 더욱 건강하고 강해질 수 있다.

당신도 가볍게 찬물 샤워의 고통을 선택해 보는 것은 어떤가?

인생은 고(苦)다.

- 유튜브 〈당신은 참 예뻐요〉
  : 황진희 원장

우리가 모두 너무나 비참한 이유는
비참함을 피하려고 너무 열심히
노력하기 때문이다.

- 스탠퍼드대학교 의과대학 중독의학 교수
  애나 렘키

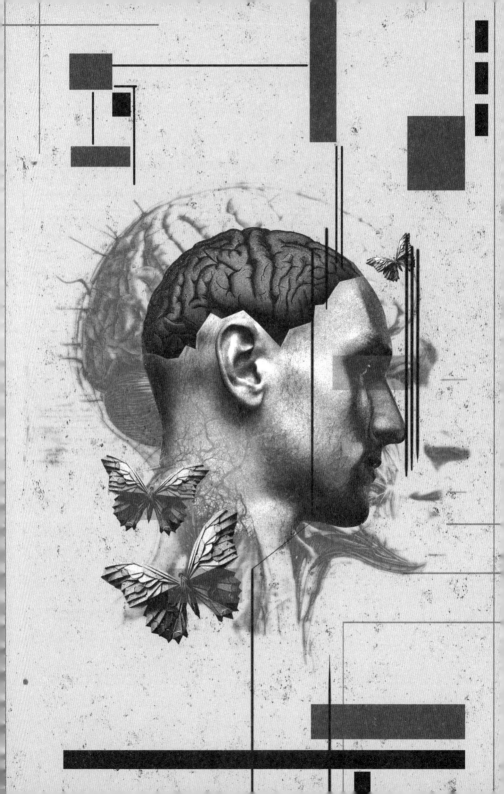

상위 1%로 가는 길, 책임지는 뇌, 지배하는 뇌가 되어라

머리 아프지만
읽어볼 텐가?

"독서는 완전한 인간을 만든다."

- 프란시스 베이컨

지금으로부터 10년 전 대한민국에 인문학 열풍이 불었다. 대기업에서 앞다투어 직원들에게 인문학 교육을 시키기 시작했고, 지자체에서도 인문학 프로그램의 열풍이 불기 시작했다. 이때 인문학 책 수백 권을 읽고 대기업 공채를 네 곳이나 합격한 사람도 있었다. 이지성 작가의《리딩으로 리드하라》,《생각하는 인문학》두 권의 책이 장기 베스트셀러 1위를 하면서 인문학 교육의 중요성은 더욱 널리 알려지게 되었다.

이지성 작가는 우리나라 교육제도가 군인과 공장 노동자를 양성하는 프로이센 교육과 일제의 식민지 교육에서 출발했다고 신랄하게 비판했다. 인문학으로 생각하는 능력을 키우면 성적도 오르고, 사업도 잘하고, 사람들 간의 문제도 잘 해결하게 되며, 심지어는 책을 한 번 보면 사진 찍듯이 외워버리는 포토그래픽 메모리를 갖게 된다는 이야기도 했다. 인문고전은 천재들의 시스템에 접속하는 뇌의 산삼이라고 이야기했다. 책 속에 본인이 성장한 인문학 독서 로드맵 솔루션을 제공했고, 많은 사람들이 사랑을 기반으로 한 실천하는 인문학을 배우기 시작했다.

나 역시 이 책을 보고 가슴이 뛰었다. 아내에게 《리딩으로 리드하라》를 권하며 이야기했다.

"우리, 인문학 교육 사업 합시다."

아내는 단칼에 거절했다. 주변에 교육 사업하는 멘토들에게 의견을 구하니 하나 같이 시장성이 너무 적다며 만류했다. 그럼에도 불구하고 내 마음속에 인문학 교육을 향한 불씨는 꺼지지 않았다. 당시 독서 왕초보였던 나는 이해도 되지 않는 《논어》를 읽고, 플라톤의 책을 읽으며, 내 뇌가 변하기를 간절하게 바랐다.

몇 년 뒤, 이지성 작가는 《생각하는 인문학》을 출간했고, 우리 부부가 나가고 있었던 독서 모임에서 필독서로 선정되었다. 인문학 교육은 절대 반대한다던 아내는 424쪽이나 되는 두꺼운 책을 밤새도록 다 읽은 뒤에 이렇게 이야기했다.

"여보! 우리 인문학 교육 사업해요."

이렇게 아내와 나는 같은 비전을 꿈꾸며 '봄들애 인문교육 연구소'를 설립하게 되었다.

과연 인문고전은 사람을 천재적으로 바꾸는 힘이 있을까? 나는 12년간 인문고전을 거의 매일 읽고 있지만 포도그래픽 메모리가 생기지 않았다. 한 번에 모든 것을 통찰할 수 있는 천재가 된 것 같지도 않다. 하지만 확실히 과거와 달라진 점이 몇 가지 있다.

첫째, 내면의 사고방식이 유연해졌다. 단순히 하나의 길만 바라보고 고정관념에 갇혀있었던 나 자신이 많이 변했다. 새로운 것을 받아들이기 쉬운 사람이 되었다. 인문학은 대개 인간 존재의 의미나 복잡한 도덕적 딜레마를 다루고 있기 때문에 이러한 질문들에 대한 해답을 찾는 과정에서 뇌의 다양한 부위들이 서로 소통하며 더욱 활성화된다. 특히 비판적 사고, 계획 수립, 추론, 문제 해결 등의 기능을 담당하는 전두엽의 기능이 아주 강력해진다. 예전에는 맞고, 틀리고의 이분법적 사고로 인생을 바라봤다면, 인문학적 질문과 해답들을 찾아가며 둘 다 맞다는 유연한 사고방식으로 전환되어 가는 나를 발견하게 되었다. 해마다 내 생각의 스펙트럼은 넓어지고 유연해지고 있다.

둘째, 공감 능력이 좋아졌다. 5살 때부터 게임과 스크린 중독이었던 나는 사람의 감정에 공감하는 것이 너무 어려웠다. 내 앞에 사람이 울고 있어도 왜 우는지 잘 몰랐다. 초등학교 2학년 때는 전학을 가게 되었는데, 새로 전학 간 곳에서 새로운 친구들의 감정을 공감하지 못한 채 내가 하고 싶은 대로 생활하는 바람에 학교에서는 나를 싫어하는 친구들이 점점 많아졌다.

고등학생이 된 후 우연히 초등학교 때 좋아하던 동창생을 만났다. 그 친구의 말을 들어보니 자신의 초등학교 일기장에는 나 때문에 학교생활이 너무 힘들었다는 내용이 많이 쓰여 있었다고 한다. 하지만 지금은 그와 반대된 피드백을 줄곧 받는다. 상담 오시는 많은 고객들은 이렇게 말한다. "대표님! 공감 능력이 너무 좋으세요."라고 말이다. 이런 말을 들을 때마다 과거 생각에 살짝 반성이 섞인 웃음을 짓게 된다.

셋째, 기억력이 좋아진다. 인문고전을 읽으면 뇌의 기억을 담당하는 해마 영역이 활성화된다. 해마는 새로운 정보를 저장하고 이를 장기 기억으로 전환하는 역할을 하며, 학습과 기억력 향상에 중요한 역할을 한다. 인문고전의 내용은 아주 복잡하고, 한 가지 말과 문장 속에도 많은 의미가 함축하여 포함되어 있다. 이러한 문맥을 파악하고 이해해 나가는 과정 동안 이전의 문맥들이 던지는 의미들을 기억해 내기 위해 해마는 순간순간 최선을 다하고 있다. 해마가 작동되지 않으면 인문고전을 읽을 때마다 뇌는 이렇게 반응할 것이다.

'검은색은 글씨고, 하얀색은 종이구나!'

이제 인문고전을 읽고 싶은 마음이 드는가? 인문고전을 읽는 것이 처음이라면 왕초보들도 읽기 편한 《어린 왕자》부터 읽는 것을 추천한다. 특히 자녀와 함께 읽기를 하고 싶다면 더더욱 《어린 왕자》를 추천한다. 그냥 읽지 말고 한 챕터에 질문을 5개씩 만들며 읽어보도록 하자. 좋은 질문을 만드는 것이 아니라 많은 질문을 만드는 것이 중요하다. 우리나라는 유별날 정도로 질문에 대해 사회적 거부감을 가지고 있어서 질문 하는 능력이 많이 떨어진다. 그러나 필연적으로 AI 세대를 살아가는 당신에게 질문능력은 무엇보다 가장 중요하다. 책을 읽고 내 생각과 삶에 대해 명확한 질문을 던질 수 있는 사람만이 AI에 대체되지 않는 유일한 존재가 될 수 있기 때문이다.

무일푼에서 수천억 자산가가 된 《돈의 속성》의 저자 김승호 회장에게 한 자영업자가 질문을 했다.

"책 읽는 것이 진짜 사업에 도움이 될까요?"

김승호 회장은 어떤 답변을 주었을까?

"무조건 책을 읽는다고 해서 사업에 도움이 되지 않습니다. 다만 책을 읽고 그것에 대해 '질문'을 던질 수 있는 사람이라면 책을 읽는 것이 사업에 도움이 됩니다."

이것이 그가 던진 답이다. 인문고전을 읽는 것도 마찬가지다. 당신은 인문고전을 읽고 내 삶에 어떤 질문을 던질 수 있는가? 특별히 그동안 내가 《어린왕자》를 읽으며 떠오른 질문들을 여러분과 공유하고 싶다. 하나씩 곱씹어 스스로에게 질문하고 대답해 보자.

- 왜 사람들은 겉모습을 보고 신뢰를 할까?
- 사람의 겉모습이 더 중요한가? 내면이 중요한가?

- 생명에도 가격을 붙일 수 있을까?
- 내 인생에서 바오밥 나무처럼 잘못 만들면 인생을 다 덮을 만한 안 좋은 습관은 무엇일까?
- 나에게 진짜 중요한 일은 무엇인가?
- 진정한 사랑이란 무엇일까?
- 나는 나 스스로를 다스릴 수 있을까?
- 내가 가진 별은 무엇일까?
- 사라질 것이지만 아름다운 것은 무엇이 있을까?
- 어린 왕자는 죽었을까? 자신의 별로 돌아갔을까?
- 나는 나 자신을 책임지고 있는가?
- 눈에 보이지 않지만 소중한 것은 무엇인가?
- 사람들은 왜 진정 원하는 것을 찾지 못하는 걸까?
- 내가 사랑하는 사람들과 영원한 이별을 준비해야 한다면, 나는 무엇을 준비할 건가?

여기에 하나씩 답해 나갈 수 있다면 당신이 인생에서 갖고 있는 다양한 문제들에 대해 명확한 해답을 얻을 수 있을 것이다.

인문고전 읽는 것은 단순한 즐거움을 넘어서 뇌를 깊이 있게 발달시킬 수 있는 중요한 무기를 손에 쥐고 있는 것과 같다. 무엇보다 가장 최상위 특권은 내 삶에 북극성을 찾아낼 수 있다는 것이다. 생각 없이 사는 삶의 탈출구인 인문고전을 읽고 생각하는 대로 사는 삶의 출입구로 들어가자.

> **〈인문고전 왕초보 추천도서〉**
> - 초급 : 《어린 왕자》, 《톨스토이 단편선》
> - 중급 : 《명심보감》, 《논어》, 《중용》, 《사기》
> - 고급 : 플라톤의 《대화편》, 노자의 《도덕경》, 데카르트
>   의 《방법서설》

추천해 준 책들을 모두 차례차례 질문하며 읽었다면 《생각하는 인문학》의 추천도서를 차근차근 읽어보자.

모두가 비슷한 생각을 한다는 것은
아무도 생각하지 않는다는 말이다.

– 아인슈타인

아무 말 대잔치 말고
지적인 토론은 어떤가?

　토요일 아침 7시 첫 독서 모임에 참여했던 날은 나에게 꽤나 큰 충격을 준 날로 자리 잡았다. 60명 넘게 자리를 잡고 환한 얼굴로 서로의 안부를 물으며 화기애애한 모임에, 잠에서 덜 깬 모습으로 쭈뼛거리며 빈자리를 찾아 나선 내 모습은 마치 검은 양 떼에 긴 흰 양 한 마리 같았다. 6명씩 조를 이루어 열띤 토론 나누는 모습을 보며 속으로 생각했다.

　'이 사람들은 어떻게 이렇게 말을 잘하지?'

　그날 독서 모임 선정도서는 일본 경영학 교수가 쓴 《원피스 식》이라는 책이었다. 사람들은 책 내용을 토대로 깊이 있는 대화를 나누었고, 책도 읽지 못하고 참석한 나는 그저 듣고만 있을 수밖에 없었다. 그러다 단체 토론 시간이 되자 한 명씩 나와서 발표를 해야 하는데, 뜻밖에도 사람들이 단체 발표자로 나를 지명했다. 당황

한 나는 무대 앞에 나가서 떨리는 목소리로 말했다.

"저는 이 책을 읽지 않았습니다. 하지만 원피스 만화책은 읽었습니다."

순간 너무나 창피할 정도로 솔직하게 이야기를 꺼냈지만, 사람들은 나를 비웃지 않고 오히려 응원하는 듯한 미소를 보냈다.

그날 그 따뜻했던 경험이 나를 독서 모임에 계속 나오도록 만들었다. 매주 토요일 아침만 되면 신이 나서 독서 모임에 참석했고, 독서 모임에 출석하는 기간이 길어지면서 조장, 신입 섬김이로 역할을 맡아 했다. 과일을 잘라주는 일부터 사회를 보는 일까지 두루 섬기면서 나는 독서 모임 커뮤니티 환경 속에서 자연스레 지식도 넓어지고, 만나는 사람들도 더욱 다양해졌다. 교장 선생님, 의사, 교수 같은 다양한 분야의 사람들과 개인적으로 교류하며 지적인 토론의 즐거움을 배웠다.

독서 모임에서 많은 사람들을 만났지만, 특히 기억에 많이 남아 있는 사람은 중학생 소녀다. 당시 중학교 3학년임에도 불구하고 그녀의 대화 수준은 어른을 능가할 만큼 깊이 있고 남달랐다. 그 친구가 전체 발표를 하던 어느 날, 그녀는 자신의 성장이 독서 모임에서 2년간 다양한 봉사를 통해 이루어졌다고 말해 나에게 큰 충격을 주었다.

2017년 첫 토요일 아침 7시! 드디어 꿈에 그리던 나만의 독서 모임을 송도에서 오픈하게 되었다. 그렇게 8년이 지났다. 비가 오나 눈이 오나 한결같이 독서 모임을 진행한 덕분에, 이제 독서 모임 횟수는 340회가 넘었다. 독서 모임에 처음 오시는 분들은 늘 같은 말을 한다.

"어떻게 여기 있는 분들은 말을 그렇게 잘해요? 저는 잘 못하겠어요."

하지만 그 말은 2년 전, 3년 전에 이곳에 온 사람들도 했던 말이다. 나 역시 처음 독서 모임에 가서 했던 말이다. 나는 알고 있다. 2~3년 뒤에 새로 올 누군가가 이분을 보며 "말을 너무 잘하신다"라고 말할 것이라는 사실을 말이다.

○ 지적 토론의 힘

독서 모임은 그 자체로 강력한 성장의 도구이자 최상의 환경이다. 일반적으로 사람들이 오해하는 것 중 하나가 '의지'에 대한 생각이다. 누구나 의지만 있고 무언가를 해내고자 한다면 못할 것이 없다고 생각한다. 하지만 단순히 의지만으로 모든 것을 이루기에는 한계가 있다. 그 한계를 넘어서게 도와주는 것이 바로 '환경 설정'이다. 일주일에 책 한 권 읽는 것이 결코 쉬운 일이 아니다. 하지만 일주일에 한 번 독서 모임에 참여하는 환경을 설정해 놓으면 이야기가 달라진다. 독서 모임에 참여해야 하기 때문에 자연스럽게 책을 읽을 수밖에 없는 환경에 나를 던져 놓게 되는 셈이다.

내가 운영하고 있는 독서 모임 〈타이탄 북클럽〉은 매주 부, 건강, 지혜를 주제로 책을 선정하고 참석한 분들과 함께 지적인 토론을 나눈다. 물론 책을 다 읽지 않아도 되고, 읽지 못해도 그냥 참석해도 된다. 혹여나 책을 읽지 못하고 오는 분들도 있기에 나는 매주 9시간 가까이 해당 책에 대한 핵심 강연을 준비한다. 덕분에 독서 모임 참석자들의 만족도는 매우 높다.

독서 모임의 가장 큰 힘은 사람과 사람 사이에서 자연스럽게 발생하는 상호작용이다. 우리의 뇌는 같은 환경에 있는 사람들과 함께 있을 때 뇌파가 동기화되어 그들과 유사한 생각과 행동 패턴을 갖게 된다. 그러다 보니 어느 순간 서로의 성장에너지를 주고받으며 성공으로 향하는 비슷한 생각과 원칙 같은 것들이 공유되기 시작한다. 그렇게 한 해, 두 해 쌓이다 보면 서로 다른 위치에서 출발했음에도 불구하고 누구보다 뜨겁게 성공을 지지하고 격려하는 동료이자 성장 파트너가 되어 있음을 발견한다. 독서 모임에서 함께하는 시간들이 쌓여갈수록 조직화 된 에너지는 서로의 성공 지렛대가 되어 준다.

○ 독서 모임의 환경 설정

환경 설정은 우리의 뇌를 변화시키는 중요한 요소다. 그런 의미에서 독서 모임에 참여하면 자연스럽게 나 자신을 책 읽는 환경에 노출시킬 수 있게 된다. 아무리 결심을 하고 계획을 세워도 혼자서는 실천하기 어려운 일이 많다. 특히 독서는 더욱 그렇다. 10권, 20권 읽는다고 해서 바로 뾰족한 변화가 나타나지 않기 때문에 점진적으로 쌓이고 누적되는 시간을 버텨내려면 독서를 꾸준히 할 수밖에 없는 환경 설정이 중요한 것이다.

8년간 독서 모임을 운영해 보며 많은 사람들의 성장을 지켜봐 온 결과, 보통 2년 정도 꾸준히 독서 모임에 참여하게 되면 그때부터는 성장의 기울기나 성과의 폭이 압도적으로 높게 변화되는 것을 볼 수 있었다. 2년간 꾸준히 매주 한 권의 책을 읽는 사람이라면 독서 모임에 참여하지 않아도 될 것이다. 하지만 2년이 아니라 두 달도 그렇게 하기 힘든 것이 우리 일상이다. 그러니 독서 모임 환경에 나를 던져 놓아야 한다. 그 환경 자체가 나를 끊임없이 성장하게 만들어 줄 것이다.

만약 아직 독서 모임에 참여해 보지 않았다면 내가 운영하고 있는 〈타이탄 북클럽〉을 추천한다. 타이탄 북클럽 독서 커뮤니티는 단순한 독서 모임을 넘어 참석자들이 자신의 업과 일상에 지식을 적용해 실천하고 깨달으며 성장하는 성공 커뮤니티에 가깝다. 누구보다 성공 에너지가 넘치는 사람들이 모이는 곳이기에 단 한 번만 참석해 보아도 어떤 느낌인지 단번에 알 수 있게 된다. 코로나 이후 타이탄 북클럽에 온라인 시스템을 도입하면서 매주 토요일 아침 7시에 온라인, 오프라인이 동시에 진행된다. 오프라인에서는 오프라인 특유의 에너지가 있고, 온라인에서는 일정상, 혹은 거리가 너무 멀어서 오프로 오지 못하시는 분들을 포함해 바쁜 사업가, 외국에서 접속하는 사람들까지 다양한 사람들의 성공 커뮤니티가 열리게 된다.

그러니 한계를 먼저 떠올리기보다는 '일단 한번 해볼까?'하는 지적 호기심을 마음껏 발동시켜 보라. 딱 한 번만 참여해도 어떤 에너지로 한 주를 보내야 하는지가 명확히 설정될 것이다.

자! 그렇다면 아래 QR 코드에 접속해 타이탄 북클럽에 흐르는 성공 에너지를 무료로 체험해 보라! 단언컨대, 상상 그 이상의 짜릿한 경험이 될 것이다.

타이탄 북클럽
바로가기 QR

○ 짜릿한 성공 학습의 비밀! 학습 피라미드

국제 학습 연구소에서 발표한 '학습 효율성 피라미드'에 따르면 단순히 책을 읽는 것보다 읽은 내용을 설명하거나 토론하는 것이 학습에 더 큰 도움이 된다. 당신이 책을 열심히 다독해도 그 내용은 하루도 채 못가 잊히기 마련이다. 뇌는 매우 의미 있거나 깊은 깨달음을 주지 않는 이상 불필요한 지식들을 망각해 버리는 특징이 있기 때문이다.

하지만 망각의 힘을 최대한 늦추고 최대한 내 것으로 만들어 낼 방법이 있다. 읽은 것을 즉시 설명해 보는 것이다. 단순히 읽고 지나간 것은 10%밖에 남지 않지만 읽은 것을 말로 설명하다 보면 뇌에 95% 이상이 남는다. 따라서 독서 모임에서 나누는 독서 토론은 당신의 학습 효과를 극대화한다. 이것이야말로 가성비는 물론 짜릿하기까지 한 뇌의 성공 비밀을 풀어놓은 셈이다.

마지막으로 아주 명확하게, 혼자 독서 하는 것보다 독서 모임에 나가는 것이 왜 18배나 더 유리한 지 알려주려 한다. 내가 나열해 놓은 것들을 보며 일주일 동안 책을 몇 번 반복해서 읽게 되는지 맞혀보자.

- 독서 모임에 선정된 책을 읽으며 토론을 준비한다.
- 독서 모임에 나가 짝 토론을 하며 책을 다시 복귀해서 읽는다.
- 단체 토론 발표를 들으며 같은 책, 다른 생각 버전으로 책을 읽는다.
- 내가 뽑은 핵심 강의를 들으며 다시 책을 읽는다.
- 강의를 들은 후 다시 짝 토론을 하며 저자가 던지는 중요 메시지가 무엇인지 생각하며 읽는다.
- 집에 돌아가 개인 SNS에 독서 서평을 작성해 보며 다시 한번 리뷰한다.

이것이 바로 독서 모임의 효율성을 극대화해 놓은 성공의 프로세스다. 한 번 읽고 끝나면 10% 뇌만 활용하는 꼴이다. 독서 모임에 참여하는 순간 95%의 뇌를 활용하는 영리한 독서가가 된다. 당신은 어떤 선택이 같은 시간, 다른 미래를 만들어 갈 것 같은가?

○ 새로운 환경으로 가서 정체성을 다시 세팅하라

독서 모임은 단순히 책을 읽고 토론하는 공간을 넘어, 나 자신을 새로운 환경으로 던져 넣는 중요한 경험이 된다. 성장하지 않고 생각하지 않는 인생을 사는 사람들 속에 머물러 있으면 성장의 기회는 제한될 수밖에 없다. 그러나 매일 일보 전진하며 성장하는 새로운 사람들과 새로운 환경에서 지적인 대화를 나누면 당신의 뇌는 끊임없이 자극을 받으며 발전을 촉발할 것이다.

미국의 한 자수성가 사업가는 극빈층에서 태어났지만 봉사 활동을 통해 다른 환경에 자신을 던져 놓았다. 그는 그곳에서 새로운 기회를 발견했고, 5년 만에 놀라운 성장을 이뤄냈다. 그의 가족은 여전히 변화하지 않았지만, 그는 환경을 바꾸면서 자신을 성장시킬 수 있었다. 당신의 인생을 원하는 방향으로 이끌어 줄 수 있는 첫걸음은 바로 새로운 환경에 나를 놓아두는 것이다. 당신은 토요일 아침 7시에 무엇을 하고 있는가? 늦잠을 자며 스스로에게 보상을 주는 대신, 독서 모임에 나를 던져보는 것은 어떨까?

그냥 하라면
하는게 어떤가?

> "나는 팔굽혀펴기를 할 때,
> 처음부터 숫자를 세지 않는다.
> 고통스러울 때부터 숫자를 센다."
>
> - 무하마드 알리

우리 뇌는 기본적으로 '하기 싫어하는 것'에 더 빨리 반응한다. 안락하고 익숙한 것을 좋아하기 때문이다. 뇌는 절전모드가 평균값이기 때문에 최소한의 에너지를 사용해 최대한의 효율을 내고자 하는 생존 기제에 따라 움직인다. 그렇다면 어떻게 뇌를 자극하지 않으면서도 성공적인 삶을 만들어 갈 수 있을까? 바로 '원칙'에 그 해답이 있다.

당신의 하루는 의식적이든, 의식적이지 않든 다양한 루틴들로 채워져 있다. 우리가 일상에서 마주하는 루틴들은 적게는 수십 가지에서 많게는 수백 가지일 수 있지만, 그중 인생을 드라마틱하게 바꿀만한 루틴들은 사실 멀리할 때가 많다. 달리기, 찬물 샤워, 소금물 마시기, 독서 모임 참여, 인문고전 읽기 같은 루틴들은 대부분 평소에 하지 않는 불편한 것들이다. 이런 루틴들을 마음먹자마자 단번에 잘 해내는 사람은 거의 없다.

하지만 우리가 알아야 할 것이 있다. 당신의 가장 든든한 우군! 뇌를 활용하면 쉬워질 수 있다는 것이다. 뇌는 당신의 말에 가장 잘 순종할 수도 있고 적이 될 수 있다. 그 기준은 내 인생에 원칙이 존재하느냐, 부재하느냐 나눠진다. 인생의 원칙을 만든 사람은 '그냥 하는 법'을 익혀 점차 변화하기 시작한다. 중요한 것은 '원칙을 세우고, 그 원칙을 지키는 것'이다. 원칙을 지키다 보면 뇌는 점차 그 원칙들에 적응하게 된다. 이 과정이 바로 성공적인 삶으로 이어지는 순간들이다.

O 원칙의 중요성

당신이 중요한 결정을 내려야 할 때 머릿속에 순간적으로 떠오르는 첫 번째 감정은 아마도 불편함과 귀찮음일 것이다. 뇌는 고통이나 불쾌감을 본능적으로 피하고자 하는 특성이 있는데, 그 이유는 뇌 속의 편도체(편도핵)가 주된 역할을 하기 때문이다. 편도체는 우리가 스트레스를 받거나 두려움을 느낄 때 활성화되어 불안감을 느끼게 한다. 그 결과 뇌 안에서는 불편함을 피하려는 본능적인 반응이 일어난다.

편도체가 활발하게 작용하는 상황에서는 새로운 도전이나 불편한 일을 할 때 매우 힘들 수 있다. 하지만 우리가 원칙('그냥 하는 것')을 세우고 그것을 지키기 시작하면 뇌는 점차 불편한 감정을 줄이고 익숙함과 편안한 감정을 선택하게 된다.

반복적인 행동은 뇌를 훈련시킨다. 이는 마치 근육을 단련하듯 뇌 역시 반복적인 습관을 통해 점차 변해가는 것이다. 그렇기 때문에 인생을 확고하게 변화시키려면 별다른 이유나 환경이 중요한 요소가 아니다. 그보다 중요한 것은 '내가 하고 싶든 하기 싫든 상관없이 그저 해내는 것'이다. 환경을 뛰어넘는 이 원칙을 지키는 것이 우리 뇌를 변화시키고 결국 성공적인 삶을 만들어가는 방법이다.

당신의 인생에는 현재 몇 개의 원칙들이 적용되고 있는가? 눈이 오든, 비가 오든 밖에 나가 걷거나 뛰는 것, 잠을 몇 시간 못 자서 피곤하든, 다른 급한 일정들이 많든 상관없이 매일 아침 명상이나 독서를 실행하는 것, 매일 밤 자신을 되돌아보는 일기를 쓰는 것, 매일 감사 노트를 쓰는 것, 마지막 주에는 어떠한 타협도 허락하지 않고 다음 달 계획을 세우는 것! 이 모든 원칙들을 그냥 하게 될 때 당신의 뇌도 창대한 비상을 허락하게 될 것이다.

여기서 우리가 흔히 저지르는 실수는 '동기부여를 기다리는 것'

이다. '마음이 내키면 하겠다'라는 생각으로는 절대 행동으로 옮겨지지 않는다. 뇌는 우리에게 언제나 변명을 제공한다. 피곤하다. 날씨가 안 좋다. 시간이 없다. 몸이 아프다 등등. 그러나 데이비드 고긴스처럼 성공한 사람들은 막연히 동기를 기다리지 않는다. 그들은 '원칙을 세우고 그냥 행동'한다. 여기서 중요한 것은 감정이 아니라 원칙대로 해내는 행동이다. 그렇다면 원칙은 어떻게 적용헤 나갈까?

○ 원칙의 적용 방법

첫 번째 단계는 작은 원칙들을 세우고 그것을 꾸준히 실행하는 것이다. 사람들이 실패하는 가장 큰 이유 중 하나는 처음부터 너무 거창한 목표를 세우기 때문이다. 너무 큰 목표는 실행해 보기도 전에 위압감을 주고, 도전 자체를 포기하게 만든다. 그래서 **원칙을 꾸준히 실행해 내기 위해서는 가장 먼저 작고 실천 가능한 목표를 세워야 한다.**

예를 들어, 당신이 매일 달리기를 하겠다는 목표를 세웠다고 하자. 하지만 어느 날은 시간이 부족하거나 너무 피곤해서 달리기를 할 수 없을 것처럼 느껴질 때가 있을 것이다. 그럴 때는 신발만 신고 집 앞을 나가는 것만으로도 충분하다. 또는 계단 한 층만 오르기와 같은 작은 행동으로 대체할 수 있다. 이런 식으로 목표를 아주 작은 단위(더 이상 쪼갤 수 없는 상태까지 작은 목표면 더 좋다.)로 나누면 실행이 더 쉬워진다. 작은 목표야말로 포기하지 않고, 끝까지 목표를 이루게 하는 최적의 지름길이다.

작은 목표의 원칙들을 여러 번 실행하게 되면, 뇌는 점차 그 작은 성취에 적응한다. 뇌는 작은 성공에도 도파민을 분비하여 만족감을 느끼게 한다. 이렇게 작은 목표라도 성취했을 때 우리의 뇌는 긍정적인 보상을 받고 이를 계속 유지하고 싶어 하게 된다. 당신이 실행할 수 있는 가장 작은 단위의 원칙은 무엇이 있을까? 이제부터 당신의 목표점을 향한 첫걸음을 떼줄 작은 단위의 원칙들을 '마이크로 원칙'이라고 부르자. 마이크로 원칙을 통해 당신은 매일 작은 성공을 경험하는 기쁨을 맛보게 될 것이다.

○ 원칙의 힘과 고긴스의 이야기

원칙은 선택이 아니다. 뇌에게는 특히 더 그렇다. 뇌는 자주 '할까 말까'라는 선택의 순간을 만들지만, 이때 당신은 선택의 여지가 없는 상황을 만들어줘야 한다. 그래야 뇌는 더 이상 저항하지 않는다. 그저 '해야 하는 것을 한다'는 생각이 뇌에 깊이 새겨지면 더 이상 뇌는 저항하지 않는다. 날씨가 좋든 나쁘든, 기분이 좋든 나쁘든, 그저 해야 하는 것을 하자. 이것이 바로 '원칙의 힘'이다.

이러한 원칙을 잘 설명해주는 인물이 바로 데이비드 고긴스다. 그는 이라크와 아프가니스탄에서 복무한 은퇴한 네이비 실 대원이며, 초장거리 마라톤 선수로도 잘 알려져 있다. 그는 24시간 동안 턱걸이를 하여 기네스 세계 기록을 세우기도 했고, 자신의 한계를 넘어서기 위한 끊임없는 도전을 해왔다. 《누구도 나를 파괴할 수 없다》를 포함해 2권의 베스트 셀러도 집필한 고긴스는 "고통스러운 순간이 가장 중요한 순간"이라고 말한다. 그는 왜 고통스러운 순간이 가장 중요하다고 말하는 것일까?

고긴스는 한때 136kg의 육중한 몸과 ADHD(주의력 결핍 과잉 행동 장애), ADD(주의력 결핍 장애)를 가지고 있어 삶의 모든 면에서 실패를 경험하고 있었다. 그러나 그는 '그냥 한다'는 원칙을 세우고 그 원칙을 지켜가며 인생을 완전히 변화시켰다. 그는 "열정이나 동기 부여는 아무 의미가 없다"고 말한다. 그는 고통스러운 순간에도 그냥 원칙대로 하는 행동을 선택하는 것에서 진짜 변화가 시작된다고 말한다. 이러한 원칙을 지키는 것이 하루하루 쌓이면서 원칙대로 새겨진 뇌는 그를 성공으로 이끌었다.

○ 뇌의 저항을 넘어서기

우리가 불편함을 느끼고 저항할 때 뇌에서는 스트레스 호르몬인 코르티솔이 분비된다. 처음 며칠간은 이 호르몬이 계속해서 우리의 의지를 약화시키고 결국 포기하게 만들기도 한다. 그러나 이 기간을 넘어서면 뇌는 변화하기 시작한다. 새로운 습관을 형성하기 위해서는 최소한 21일이 필요하다. 이 기간 동안 뇌는 서서히 불편함에 적응하고 새로운 루틴을 받아들이기 시작한다. 이때 포기하지 않도록 도와주는 중요한 브릿지가 바로 '마이크로 원칙들'이다.

연구에 따르면 반복적인 행동은 뇌의 신경회로를 강화시켜 그 행동을 더 쉽게 할 수 있게 만든다. 즉, 반복적으로 원칙을 지키는 것이 뇌의 변화를 유도하고, 그 결과 당신은 어제보다 더 나은 미래를 살 수 있게 되는 것이다. 무엇이든 단번에 변화되는 것은 없다. 당신의 뇌 역시 마찬가지다. 꾸준함이라는 시간이 축적되어야만 서서히 혁신적 변화를 일으키게 될 것이다.

처음 며칠간의 저항에 속지 말고 그냥 하라. 뇌는 처음에는 저항하지만 시간이 지날수록 불편함을 덜 느끼고 점점 익숙해진 나를 발견하게 될 것이다. 원칙을 지키는 것은 완전히 새로운 인생으로 당신을 초대하는 비밀의 열쇠다.

○ 작은 성공에서 큰 변화로

꾸준함은 결국 뇌의 패턴을 바꾼다. 뇌는 우리가 반복하는 행동에 의해 강화되며, 새로운 습관을 형성하게 된다. 아침 기상 시간을 조금 앞당겼을 때, 처음엔 매일 아침 일찍 일어나는 것이 힘들 것이다. 하지만 매일 같은 시간에 일어나다 보면 뇌는 점차 그 시간에 깨어나는 것이 자연스럽고 당연하게 느껴진다.

앞서 말했듯 작은 성공들이 쌓이면 큰 변화를 이끌어낸다. 다독가가 되고 싶다면 처음엔 한 페이지, 아니 한 줄만 읽는 것을 목표로 시작하자. 그렇게 하루 한 줄, 하루 한 페이지를 꾸준히 읽다 보면 나중에는 책 한 권을 다 읽게 된 나를 마주하게 될 것이다.

또한 성공을 시각적으로 확인할 수 있는 도구를 사용하는 것도 좋은 방법이다. 예를 들어, 매일 달리기를 했다는 표시를 달력에 체크하거나, 독서 모임에 참석한 날짜를 기록하는 것처럼 작은 성취들을 시각화하면 뇌는 더 큰 동기부여를 받는다. 뇌는 말보다 시각적인 요소에 10배 더 민감하게 반응하기 때문이다. 매일 새로운 나를 만나기 위한 나만의 루틴 체크리스트를 만들어 붙여보면 어떨까?

이제 당신에게 알려준 수많은 습관과 루틴들을 당신의 삶에 원칙처럼 적용해보자. 동기를 기다리지 말고 일단 시작하라. 원칙이란 선택이 아니다. 그냥 하는 것이다.

순진한 뇌를
농락해 봄이 어떤가?

늦깎이로 대학을 졸업하고 사회생활을 시작하자마자 나는 신입사원 시절부터 문제사원으로 찍혔다. ADHD에 공황장애까지 겪으며 방황하던 나는 어리숙하고 매사에 확신이 없던 부적응자였다. 그런 내가 어느새 교육회사 대표로 지내 온 지 10년 차다. 낡은 사람들의 인생을 바꾸는 강연자로, 베스트셀러 책의 저자로 제2의 인생을 살아가고 있다. 이 정도 변화면 충분히 만족할 만하다고 생각할 수 있지만 스스로를 돌아볼 때면 아직도 내 안에 남아있는 '순진한 뇌'를 발견하게 된다. 내가 일상에서 무의식적으로 하던 행동들 속에서 나타나는 순진한 뇌의 잔재들을 마주할 때마다 깜짝 놀라곤 한다.

명절에 부모님 댁을 방문했다. 어릴 적 살던 집에 오면 나도 모르게 텔레비전을 켜고 소파에 누워버린 나 자신을 발견한다. 손 하나 까딱하지 않고 어머니와 아내가 해주는 밥을 기다리던 내가 그 자리에 있다. 말투는 철없는 막내아들로 바뀌어 있고 자석처럼 소파에 착 달라붙어 움직이지 않았다. 이때 아내가 물었다.

"왜 당신은 시댁에 가면 손 하나 까딱하지 않아요?"

그 순간 나는 큰 충격을 받았다. 외부에서는 교육회사 대표로서 강연을 하고 많은 사람에게 영감을 주는 나인데, 집에서는 옛 모습 그대로 머물러 있었던 것이다.

도대체 어떻게 이럴 수 있을까? '아! 내가 집에서는 여전히 철없는 막내아들로 존재하고 있었구나.' 그 순간 나는 결심했다. 집에서도 새로 태어난 현재의 내 모습 그대로 살아가기로 말이다. 그때부터 말투와 표정이 자연스럽게 바뀌기 시작했다. 어머니를 더 이해하게 되고 아버지를 더 사랑하게 되었으며, 가족을 대하는 태도 또한 훨씬 성숙해졌다.

이렇게 작지만 큰 변화가 집안의 문화를 하나둘씩 바꾸기 시작했다. 예전에는 명절 때 남자와 여자가 따로 앉아 식사했고, 집안일도 분담되지 않았다. 하지만 내가 나서서 부엌을 오가고, 음식을 준비하며 남녀 구분 없이 함께 명절을 보내자고 제안했다. 이제는 형까지도 자연스럽게 나와 함께 일손을 돕고 있다. 작은 행동 하나가 가족 전체의 문화를 바꿀 수 있음을 몸소 체험한 순간이었다.

○ 사람은 딱 자신의 정체성만큼만 살게 된다

언젠가 책에서 읽었던 글귀 가운데 이런 말이 있었다.

"생각이 그 사람의 운명이다."

우리는 자신이 어떤 정체성을 가지고 있는지에 따라 딱 그만큼의 현실을 살게 된다. 이는 뇌과학적으로도 증명된 사실이다. 평소 '나는 운동에 소질이 없어'라고 생각하는 사람은 아무리 체력이 좋아도 운동하는 영역에서 성과를 내기 어렵다. 반대로 '이 정도쯤이야, 하면 되지'라고 생각하는 사람은 그가 가진 능력 이상을 발휘해 내기도 한다. 이러한 차이는 내면의 생각이 가진 '고정 마인드셋' 때문이다. '고정 마인드셋'이란 '성장 마인드셋'과는 정반대의 사고방식으로, 자신의 능력과 재능이 고정되어 있다고 생각하는 사고 방식이다.

예를 들어보자. 내가 만났던 고객 중 한 분은 스스로를 "나는 가방끈이 짧아서 어려운 일은 못 해"라고 자주 말하고 다녔다. 고객에게 자주 그 말을 들을 때마다 불편한 마음이 들었던 나는 고객에게 고정 마인드셋이 아닌 성장 마인드셋으로 전환하는 방식을 알려주었다.

'나는 배우는 것을 잘하고, 무엇이든 할 수 있는 사람이다'라고 지속해서 상상하고 반복하게 했다. 마인드셋을 전환한 이후 얼마 지나지 않아 그 고객은 자신의 나이와 학력에 상관없이 새로운 신사업에 도전했다. 결과는 어땠을까? 프로젝트 최고 책임자가 되어 탄탄대로를 걷게 되었다. 맡았던 프로젝트에서 성공적인 결과를 만들자 여기저기서 스카우트 제의가 들어오기 시작했다며 감사함을 전했다.

나는 스스로에 대해 어떤 정체성을 가지고 있을까? 부모로서, 부부로서, 자녀로서, 회사의 일원으로서 각자 다른 역할에 대한 내면의 자아상이 있을 것이다. 그 자아상이 바로 당신의 삶을 형성하는 뼈대가 된다. 데이비드 고긴스는 매일 과거의 나와 현재의 내가 싸운다고 말한다. 투쟁과 도피 반응 사이에서 나와의 투쟁을 선택하는 것이다. 나 역시 매일 내 안에서 일어나는 싸움에 직면한다. 오늘은 달리기를 하고 싶지 않은 마음, 그냥 누워서 핸드폰이나 보고 싶다는 유혹에 싸운다. 하지만 그럼에도 불구하고 나는 달린다. '내가 해야 할 것을 한다'는 원칙이 있기 때문이다. 바로 이것이 내 자아상에서 비롯된 힘이다.

○ 자아암시의 힘 : 변화는 뇌에서부터 시작된다

뇌는 신기하게도 상상과 현실을 구분하지 못한다. 하지만 그 덕분에 스스로의 자아상을 바꾸고, 그 자아상이 실제로 내 행동을 변화시킬 수 있다. 뇌는 현실이나 상상에 관계 없이 지속적으로 반복하는 것을 학습하고, 그 학습된 내용을 기반으로 새로운 행동 패턴을 만들어가기 때문이다.

나는 한때 '나는 영업이 너무 어려워! 잘 못 해'라는 생각을 가지고 있었다. 그러나 계속해서 '나는 영업의 천재야'라고 자기암시를 했고, 그 결과 영업 전략에 있어서 점차 자신감을 갖게 되었다. 이 과정에서 중요한 것은 단순한 자기기만이 아니라 뇌가 실제로 나를 영업 천재로 믿도록 하는 것이다. 어떻게 하면 실제로 믿게 할 수 있을까? 바로 정체성을 명확하게 시각화해보는 것이다. 뇌는 시각에 약하다고 했다. 당신이 원하는 자아상이나 롤모델의 사진이 있다면 즉시 출력해서 당신이 가장 잘 보이는 곳에 오려 붙여보자. 나 역시 닮고 싶은 최소의 실적을 내는 영업사원 롤모델을 찾아 매일 보며 따라 했더니 그와 비슷한 수준까지 도달하게 되었다.

점차 이전에는 잘 보이지 않았던 최상의 영업 문구들이 보이기 시작했다. 유튜브도 영업과 관련된 콘텐츠들로 알고리즘이 바뀌어 가기 시작했다. 정체성의 변화 덕분에 나는 비로소 영업에서 비약적인 성과를 내기 시작했다.

자기암시는 당신이 바라는 그 이상의 결과를 가져올 수 있는 강력한 도구다. 가장 먼저 자신의 롤모델부터 찾아 설정해보라. 현재 나의 롤모델은 데이비드 고긴스, 토니 로빈스, 김승호 회장, 그리고 그랜트 카돈, 현승원 의장이다. 그들이 어려운 상황에서 어떻게 행동했을지를 떠올리고, 그들의 표정, 말투, 행동을 그대로 따라 해보았다. 이런 식으로 자신을 그들의 자리에 대입해 보면 어느새 나 자신도 그들과 비슷한 문제해결력을 발휘할 수 있는 사람이 되어 있는 것을 발견하게 된다.

○ 당신의 뇌는 생각보다 순진하다

당신의 뇌는 너무나 순진해서 당신이 상상하는 대로 믿는 대로 행동하게 된다. 만약 당신이 '나는 잘할 수 있어'라고 믿고 그 믿음을 지속적으로 반복하면 뇌는 그것을 사실로 받아들인다. 그 결과 당신은 실제로 그 일을 잘 해낼 가능성이 훨씬 커진다.

나는 매일 아침 스스로에게 축복과 행운의 암시를 건다. '나는 오늘도 최고로 생산적인 하루를 보낼 것이다', '나는 건강하고, 에너지가 넘친다.' 이 간단한 자기암시는 하루를 시작하는 나의 태도를 완전히 바꾸어 놓는다. 스스로에게 자기암시를 거는 순간 뇌는 그 암시에 반응해 필요한 신경전달물질을 분비하고, 내가 계획한 일들을 성취할 수 있노록 돕는 최고의 조력자가 된다.

O 자아상이 변하지 않으면 인생도 변하지 않는다

사람은 만들어진 자아상대로 살아가는 존재다. 내 안에 어떤 자아상을 심어놓느냐에 따라 삶의 질은 크게 달라질 수 있다. 나는 스스로를 '세계적인 교육기업 대표'로, '사람들에게 영감을 주는 세계 최고의 강연자'로 설정했고, 그 상상은 점차 현실이 되었다. 최악의 강연 피드백으로 한 달 치 강연이 사라졌을 때도, 코로나로 회사 매출이 곤두박질칠 때도, 매일 거울을 보며 그렇게 외쳤다. 스스로 내면에 어떤 자아상을 어떻게 세팅하느냐에 따라 인생은 당장이라도 완전히 달라질 수 있다.

반면 당신의 자아상이 변하지 않으면 인생도 결코 달라지지 않는다. 혹시라도 운이 좋아 인생이 변한다 하더라도 그 변화는 오래 지속되지 않는다. 자아상은 여러분이 현실을 살아가는 기준점이 된다. 부정적인 자아상이 심겨 있다면 당신의 인생은 끊임없이 제자리로 돌아올 것이다.

마지막으로 당신에게 한 가지 이야기를 들려주고 싶다. 나의 롤모델 중 한 명인 닉 부이치치는 선천적으로 팔다리가 없는 사람이다. 닉 부이치치의 부모는 팔다리가 없는 자신의 아들을 보며 이렇게 이야기하곤 했다.

"우리 아이는 팔다리가 없을 뿐 정상이에요."

"저희는 우리 아이가 멋진 삶을 살 것이라고 상상합니다."

닉 부이치치의 부모님은 팔, 다리가 없어 절망하는 아이를 보며 '정상인'과 '멋진 삶'이라는 자아상을 암시해 줬다. 그 덕분에 닉은 어느 순간부터 자기 자신에게 "나는 특별한 사람이야."라고 끊임없이 자기암시를 했다. 그 결과 그는 세계적인 강연자, 베스트셀러 작가가 되었으며, 오프라 윈프리 쇼에도 여러 번 출연했다. 결혼도 하고 자녀도 네 명이나 낳았다. 지금도 전 세계적으로 많은 사람들에게 영감을 주고 있다. 세상에서 팔다리가 없는 사람이 모두가 닉 부이치치처럼 사는 것은 아니다. 또 팔다리가 다 있어도 정상적으로 살고 있지 않은 사람도 많다. 당신은 스스로를 어떻게 생각하고 있는가? 그 정체성이 당신의 삶에 성공의 뇌를 덧입힐 것이다.

성공한 나를 찾아줄
부캐가 필요하지 않던가?

당신은 유명 배우나 연기자 중 좋아하는 사람이 있는가? 배우를 좋아하는 이유가 혹시 연기를 잘해서 그런 것은 아닌가? 여기서 중요한 사실을 하나 알아야 한다. 당신 역시 TV 속 배우처럼 항상 어떤 역할을 연기하며 살고 있다는 사실이다. 집에서의 내 모습, 회사에서 내 모습, 부모로서 내 모습, 자녀로서 내 모습, 친구로서 내 모습, 모두 내가 이렇게 해야 한다고 생각하는 모습을 연기하며 살고 있는 것이다.

이걸 의도적으로 사용할 수 있다면, 내 인생이 원하는 대로 움직이겠지만, 그렇지 않다면, 그저 세상이 원하는 모습을 연기하며 사는 삶을 살게 될 뿐이다. 요즘은 세상이 바라는 나의 모습들과 기준마저 SNS를 통해 더 많이 왜곡되어 있다. 그 왜곡된 나를 연기하기 위해 나를 잃어버린다. 내가 진짜 어떤 것을 원하는지, 어떤 삶을 살기를 바라는지는 뒷전이 되어 버린다.

여러분은 지금 어떤 역할을 연기하고 있는가? 세상에 내가 원하는 좋은 것들을 다 모아 놓은 모습으로 살고 있는가? 내가 좋아하지도 원하지도 않았던 인생을 어쩔 수 없는 현실이라고 받아들이며 살고 있는가?

몇년 전에 집에서 있었던 일이다. 집에서는 늦둥이에 막둥이였던 나는 형을 포함해서 집안의 예쁨을 독차지하고 있었다. 장애인이신 아버지와 그 옆에서 50년 넘게 고생만 하신 어머니, 말더듬증을 앓고 있는 세상없는 천재인데 동생 앞에서는 바보가 되는 형. 이렇게 사연 있는 가족에 무게감 있는 인생들과 함께하다 보니, 한없이 가볍고 한없이 철없는 그런 막내아들이 내 역할이라고 생각했다. 아들만 둘인 퍽퍽한 집에서 나의 철없는 이야기가 그나마 집의 무게감을 덜어내는 비타민 같은 존재라고 생각했다. 더 철없는 소리를 하고, 더 가벼운 사람처럼 이야기했다. 밖에서는 존경받는 대표이자, 교육자인 나였지만, 집에서는 그저 막내아들 같은 모습을 가진 나를 진짜 나라고 생각했다.

앞장에서 이야기한 것처럼 막내아들의 모습의 나는 아내의 마음을 상하게 했다. 아내는 왜 본가에 가면 그렇게 가벼워지느냐고, 심지어 집에서 잘 도와주던 집안일도 본가에서는 손 하나 까딱하지 않고 텔레비전만 보고 있느냐고. 그런 내 모습이 싫어서 시댁에 가기 싫어진다고 했다. 머리를 누가 아령으로 퍽 친 기분이었다. 아! 자기계발을 하며 정말 많은 변화를 가져왔다고 자부했던 나였지만, 순식간에 예전의 모습으로 돌아올 줄이야. 말을 가볍게 하는 것도 문제였지만, 그와 함께 생활습관도 철없는 막내아들로 돌아갔다는 것이, 게다가 나는 그것이 하나도 잘못됐다고 생각하지 않고 너무 자연스러운 일이었다는 것이 충격이었다.

이래서는 안 됐다. 그래서 나는 부모님 앞에서 새로운 나를 연기하기로 결심했다. 부모님의 막내아들이 아니라, 교육회사 대표이자, 베스트셀러저자로 있기로 했다. 내 인생 목표 중 하나인 세계 최고의 강사로 있기로 했다. 내 말투는 더없이 부드러워졌고, 아주 신중해졌다. 나도 모르게 부모님께 상처 주던 말들도 두 분의 마음을 따뜻하게 감싸주는 말 그릇으로 바뀌었다.

오늘 내가 원하는 삶을 선택했다면 그런 삶을 살면 된다. 집에서도 나 혼자 있을 때도, 학교와 회사를 오가는 이동시간에도 내가 원하는 삶을 위한 연기를 해보는 것은 어떨까? 우리가 무언가를 강렬히 원하여 동기부여를 할 때, 뇌 속에서는 도파민을 분비하기 시작한다. 도파민에 지배당하는 삶과 도파민을 지배하는 삶은 아주 다른 모습으로 펼쳐진다. 집에 도착했을 때 당신의 모습을 떠올려보자 어떤 것을 먼저 하는가? 가방을 내려놓고 옷을 갈아입고, 씻고, 핸드폰을 하거나, 텔레비전을 보거나, 가족과 대화를 하는가? 야식을 먹는가? 책을 읽는가? 여러분의 집에서의 행동에 따라 뇌는 패턴화를 시작한다. 매번 무엇을 해야 할지 결정하는 것은 뇌에게 아주 피곤한 일이기 때문에 뇌는 이를 그룹화하고 자동화한다. 이를 쉬운 말로 습관이라고 하고 뇌 언어로는 청킹(Chunking)

이라고 한다.

우리가 집에서 심심해서 하는 것은 나만의 어떤 패턴이 만들어 진 것이다. 집에서의 모습, 친구들과의 모습, 학교에서의 모습, 회사에서의 나, 혼자 있을 때의 나. 이 모습들은 나의 부캐(副 캐릭터)다. 이 부캐들을 잘 만들었을 때, 나를 찾게 되고 내가 원하는 삶에 가까워지기 시작한다. 유재석이 유산슬이라는 부캐를 만들어 트로트를 부르고 MBC 방송연예대상에서 신인상을 받았다. 다음번에는 유두래곤이라는 부캐로 나와서 싹쓰리 멤버가 되어 멜론차트 1위를 했다. 개그맨 김경욱 씨는 다나카 유키오라는 부캐를 만들어 광고를 휩쓸고, 제2의 전성기를 맞게 되었다. 이렇게 부캐는 의도적으로 노력해서 만들면 나에게 새로운 기회와 전성기를 선물해 준다.

반대로 도파민 불균형으로 인해 만들어진 부캐도 있다. 밖에서는 버젓한 사회인으로, 학생으로 존재하지만, 집에만 오면 핸드폰이나 컴퓨터 앞에서 중독이 가득한 콘텐츠로 시간을 낭비하는 버릇을 가진 나의 부캐도 있다. 심리학에서는 이를 이중생활이라고 표현한다. 이것도 내 뇌가 청킹을 통해 만들어 낸 부캐이다. 내 삶의 고통을 피하기 위해 스스로에게서 도망가기 위한 이런 악성 부캐들이 판을 치고 있다. 내가 원하는 삶을 막고 생각 당하게 만드는 악성 만성 부캐들. 아쉬운 이야기지만 우리의 뇌 구조상 한번 설정된 악성 만성 부캐들을 지우는 것은 불가능하다. 세 살 부캐가 여든 간다. 이 악성 부캐가 내 삶을 막는 것을 막을 방법은 내가 원하는 삶을 살고 있는 새로운 부캐를 만드는 것이다. 이 부캐를 잘 만드는 사람이 성공한다.

우리 독서 모임에 3년이 넘게 나오고 있는 김형중 저자는《인생 리셋》이라는 책을 쓰고 베스트셀러 반열에 올랐다. 공기업에 다니면서 독서를 통해 자신의 부캐를 만들었고, 울산이라는 지방으로 발령이 났을 때도 절치부심하며 인천까지 매주 와서 독서 모임에 참여했다. 그는 지금 저자의 부캐로, 강연자라는 부캐로 스스로 원하는 삶을 만들어가고 있다. 최근에는 최고이사직 후보로 오르는 등 본캐에도 좋은 영향을 미치고 있다.

아래에 여러분이 만들고 싶은 부캐를 정해 보자.

샘플

본캐 : 봄들애인문교육연구소 대표

교육기업가

강연자

교육자

부캐 : 베스트셀러 저자

1,000만 유튜버

인스타 인플루언서

다이어트 인플루언서

부동산 자산가

방송 섭외가 빗발치는 유명인

인플루언서의 인플루언서

선교사

여러분이 정한 부캐를 위해 오늘 해야 할 일은 무엇인가? 글쓰기? 책읽기? 유튜브 썸네일 작성하기? 건강 관리하기? 찬물 샤워? 무엇이든 상관없다. 여러분의 부캐를 만드는 데 작은 도움이라도 된다면 이 책을 덮고 당장 실행하라. 펜을 들고 여러분의 부캐와 그 부캐가 해야 할 일들을 적어보자. 그 부캐는 집에서 어떤 모습을 하고 있는가? 방송에서는 어떤 말투와 표정을 짓고 있는가? 당장 도전하라. 움직이라. 새로운 삶에 몸을 던져라. 여러분의 삶에 그 정도의 실행을 할 가치가 있다, 아직도 발견하지 못한 많은 나를 찾아서 오늘도 부캐 하나 만들어보면 어떨까?

198

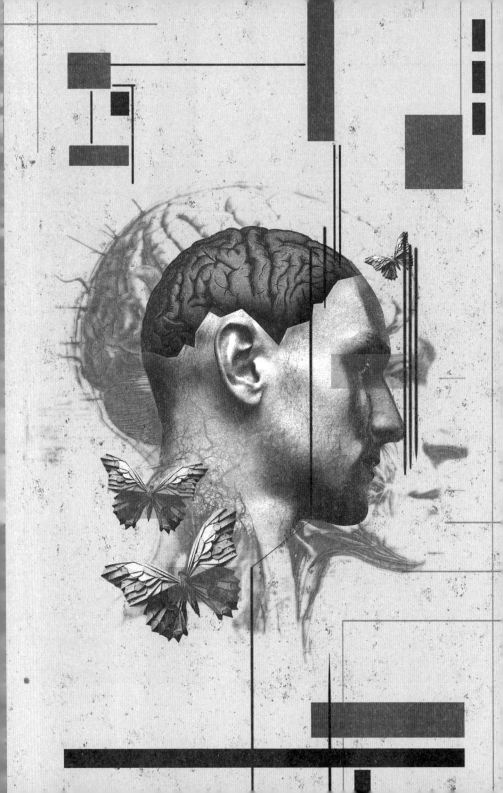

세계 최고의
뇌 과학자가 알려주는
가장 쉬운
성공의 뇌 연금술

스탠퍼드 뇌 과학자가 이야기하는
성공의 뇌로 가는 비밀

아침에 일어나면 반사적으로 핸드폰을 확인한다. 자기 전에 보는 모습도 핸드폰 속에 비친 내 모습이다. 〈나 혼자 산다〉 같은 관찰 프로그램 속 연예인들처럼 내 생활을 일거수일투족 다 촬영하고 있다면 스마트폰을 눈앞에 두고 있는 내 모습은 어떤 모습일까?

당신의 아침부터 저녁까지 습관적으로 이루어지는 정해진 행동들은 과연 어디에서, 어떻게 시작되었을까? 일반적인 일상의 모습을 나열해 보면, 아침에 일어나서 정해진 시간에 학교에 가고, 학원을 가고, 회사를 가고, 정해진 시간에 함께 점심을 먹고, 정해진 시간에 하교하고, 퇴근한다. 나이가 들면 들수록 내가 원하는 시간에 쉬고 내가 원하는 시간에 일하는 것이 어렵다. 사회가 정해 놓은 일반적 시스템 속에 갇혀 지내다가 방전된 에너지 고갈 상태로 집에 돌아와 잠시 눈을 붙이고 다시 하루를 시작하는 것을 반복할 뿐이다.

하루 중 나에게 주어진 자유시간은 어떻게 활용할까? 대부분의 사람들은 TV나 스마트폰 컴퓨터 등의 스크린 속으로 빠져들어 간다. 스크린에서 콘텐츠가 나에게 주는 도파민은 피곤한 몸을 이끌고 끝까지 콘텐츠를 완주할 힘을 준다. 내일이 오는 것을 미루고 미루어 가며 잠이 든다. 스크린에 시간과 마음을 빼앗긴 일상 속에서 마치 정해진 습관대로 하루를 보내는 것에 만족하는 인생을 살아가게 된다.

"탁월함은 훈련과 습관에 의해 얻어지는 기술이다"
- 아리스토텔레스

정확히 12년 전 내 모습이 이렇게 만들어진 습관대로 사는 삶이었다. 회사에서는 시도 때도 없이 문제를 일으키는 사고뭉치 사원이었고, 가정에서는 밤늦게까지 게임만 하는 문제투성이 아빠였다. 매일 문제를 일으키면서도 문제를 들쑤시면 오히려 화를 내며 내 탓이 아니라고 거부하는 무지하고 미련한 인생이었다.

어느 날은 아내가 마음속으로만 바랐던 부동산 이야기를 꺼내며 나와 함께 꼭 살고 싶은 집을 구경해 보고 싶다며 분양사무소에 데려갔다. 무지하고 무능력하기 그지없었던 나는 꿈에 부푼 아내에게 '그놈의 콘크리트 덩어리'를 뭐 하러 그렇게 비싸게 사냐며 면

박을 주었다. (현재 그 아파트는 분양가보다 2배가 넘게 가격이 올랐다.) 아내는 결혼만 해주면 모든 것을 다 이루어 주겠다는 패기 있고 따뜻했던 남자친구는 어디 가고, 어리석고 무지한 남편과 살고 있었다.

분양사무소에서 돌아오는 차 조수석에서 닭똥 같은 눈물을 흘리던 아내를 차마 마주 보지 못한 채 운전만 하며 집에 돌아왔다. 당시 나는 '부동산 공부보다 어떻게 하면 하루 종일 게임 하고 노는 시간을 만들어 낼 수 있을까?', '어떻게 돈을 적게 써서 현재를 유지할까?'가 머릿속에 가득했다. 오늘도 이런 요행으로 하루가 안전하게 넘어가기만을 바라는 무지한 남자였다.

요행만 바라는 사이, 그에 대한 보답은 공황장애와 우울증, 첫아이의 희귀병으로 돌아왔다. 평생 뼈를 묻고 싶었던 회사는 계속되는 내 실수와 사고를 감당할 수 없어 나에게 퇴사 통보를 했다. 나는 인생의 밑바닥에서 더 이상 이렇게 살 수는 없다고 생각했다. 그때가 첫 시작이었다. 자기계발에 투자하기 시작하는 삶으로 방향이 전환된 순간 말이다.

처음엔 안 해본 것들을 해내는 것이 힘겨웠지만, 그럴수록 더욱 힘을 빼고 쉬운 책부터 읽기 시작했다. 인천에서 강남까지 매주 토요일마다 새벽 독서 모임에 나가 새로운 사람들을 만났다. 형에게 돈을 빌려 부부가 함께 성장하고 변화하는 삶을 살기 시작했다. 해도 뜨지 않는 새벽에 일어나 책을 읽고, 내가 원하는 삶을 온 맘 다해 상상하기 시작했다. 습관적으로 책과 스케줄러를 펴고 하루를 돌아보고, 나의 인생 목표를 상상하며 하루를 채워갔다.

그렇게 31살에 처음으로 꿈이 생기기 시작했다. 가슴이 뛰었다. 성장하는 삶이 시작된 이후 12년이 지난 지금 내 삶은 극적으로 바뀌었다. 다른 사람의 인생을 송두리째 변화시키는 부부 저자이자 멘토가 되었다. 30년이 넘은 작은 빌라에서 시작한 인생에서 53평 신축 아파트를 자가로 구매하고, 사업체를 2개나 운영하며 전국으로 강연을 다니고 있다. 이런 결과는 모두 '습관'의 변화에서 시작되었다.

대부분의 사람들은 내가 원하는 삶을 이루어가는 루틴을 실천하는 것이 아닌, 내가 속한 집단이 원하는 루틴을 선택해서 살게 된다. 그 결과 원하지 않는 삶으로 살아내느라 지칠 대로 지친 몸과 마음은 자꾸만 스마트폰, SNS, 유튜브와 같은 다양한 디지털 미디어로부터 보상을 요구하게 만든다. 꿈과 비전을 향한 몰입과 집중 대신, 오히려 집중력을 빼앗겨 도파민을 남용하게 만든다.

도파민은 우리 뇌에서 의지력과 행동력을 관장하는 중요한 신경전달물질이다. 이 도파민을 과도하게 사용하게 되면, 정작 중요한 일에 집중하지 못하고 무기력감에 빠지게 된다. 점점 더 강한 도파민 남용에 익숙해질수록 내 루틴은 도파민을 남용하는 습관으로 굳어지게 된다.

그렇다면 의도적으로 나를 탁월하게 만들어 줄 뇌 과학적 루틴도 있지 않을까? 있다! 이러한 문제를 해결하기 위해 스탠퍼드 대학교 신경과학자인 앤드류 후버만 교수는 일상에서 적용할 수 있는 성공 루틴들을 제안했다. 우리나라에 장동선, 정재승과 같은 유명한 뇌과학자들이 있다면, 해외에서 최고의 뇌과학자는 앤드류 후버만 교수라고 할 수 있다. 후버만 교수의 루틴은 뇌의 각성 수준과 집중력을 높여 생산성을 극대화하고, 깊고 질 높은 수면을 취할 수 있도록 돕는다.

실제로 후버만 교수의 루틴을 적용한 세계의 많은 사람들은 자신의 인생이 완전히 바뀌었다고 말한다. 나 역시 후버만 교수의 루틴을 적용해 본 결과 삶에서 변화해 가는 새로운 나를 다시금 발견할 수 있었다.

자! 이제 당신도 후버만 교수의 성공 루틴들을 하나씩 배우고 적용해보자. 도파민 남용자가 아닌, 도파민 수혜자의 삶으로 적극 도달해보자.

후버만 루틴 1.
눈을 떴으면 당장
밖으로 나가라

앤드류 후버만 교수의 성공 루틴 중 가장 중요한 원칙은 '일주기 리듬'을 새롭게 설정하는 것이다. '일주기 리듬'이란 뇌와 신체에서 약 24시간마다 반복되는 생물학적 주기를 의미한다. 이 주기는 코르티솔, 멜라토닌 같은 호르몬과 신경전달물질의 분비, 체온 변화, 각성도 등의 생리적 변화를 포함한다. 후버만 교수는 이 일주기 리듬을 올바르게 정렬시킴으로써 24시간 동안 생산성을 극대화하고 숙면을 취할 수 있다고 설명한다.

그렇다면 어떻게 당신의 뇌를 일주기 리듬에 맞출 수 있을까? 그 비밀은 바로 시각을 담당하는 '눈'에 있다. 눈은 시신경을 통해 뇌와 가장 직접적으로 연결되어 있다. 아침에 일어나자마자 눈이 자연광에 노출되면 우리의 뇌는 '지금이 낮이고, 활동을 시작할 시간이다'라는 신호를 즉각적으로 받는다. 이때 코르티솔이라는 호르몬이 분비되어 각성도(잠자는 유아를 깨우는 데 필요한 감각 자극의 정도)를 높이고, 하루를 힘차게 시작할 수 있게 돕는다. 흔히 스트레스 호르몬이라고 알고 있는 코르티솔은 우리의 아침을 각성하게 만드는 역할을 하기도 한다.

밤에 아무리 일찍 잠든 아이도 막상 아침에 깨우려고 하면 일어나기 싫다고 잠투정을 부리는 이유가 바로 이 코르티솔 호르몬 때문이다. 특히나 늦은 밤 잠자리에 들기 직전까지 스마트폰이나 TV에 노출되어 숙면 호르몬엔 멜라토닌의 분비가 잘되지 않은 상태로 잠을 자게 되면 충분한 회복이 이루어지지 않아 아침에 더 많은 코르티솔 세례를 맞는다. 아침마다 '이불 밖은 위험해!'라는 속삭임에 빠져 잠과 사투를 벌이게 되는 것은 사실 코르티솔 호르몬 때문에 생겨난 자연스러운 반응인 것이다.

하지만 코르티솔이 나쁜 것만은 아니다. 아침에 분비되는 적당한 코르티솔은 잠에서 깨어난 순간부터 각성상태를 만들어 주고 의지력을 높여주어 활력과 에너지 넘치는 하루를 시작할 수 있게 도와준다. 심지어 코르티솔은 염증 반응을 조절하고 면역 반응의 과잉을 억제하는 데 중요한 역할을 하기도 한다. 적당한 수준의 코르티솔은 신체의 면역세포 분포를 재조정하여 피부, 점막 등 면역 방어가 필요한 부위로 보내 준다. 단, 극도의 스트레스를 자주, 반복적으로 느껴 코르티솔 과잉 분비될 경우 과도한 면역으로 인해 많은 면역질환과 염증이 생길 수 있다.

아침 일찍 밖으로 나가 떠오른 태양빛을 직접 쬐면 적당한 코르티솔(각성, 면역), 도파민(동기부여, 즐거움), 세로토닌(편안함, 스트레스 중화), 테스토스테론(근육 형성, 지방 분해)이 분비된다. 그러니 눈을 뜨자마자 집 밖으로 나가보는 루틴을 만들어보자. 날이 좋지 않아도 괜찮다. 핵심은 날씨가 아니라 눈 뜨자마자 집 밖으로 나가는 루틴을 연습하는 것이다.

만약 눈을 뜬 후 단 5분이라도 집 밖으로 나가 햇볕을 쬐면 자연광 노출 16시간 후에 수면을 유도하는 멜라토닌의 분비가 촉진되어 밤에 더 깊고 편안한 잠을 잘 수 있게 된다. 따라서 질 높은 수면과 최상의 하루를 기대하는 인생으로 바꾸고 싶다면 가장 먼저 기상 후 한 시간 이내에 집 밖으로 나가야 한다. 10분에서 20분 정도 자연광에 눈을 노출시키는 것이 당신의 하루를 극적으로 만들어 주는 가장 중요한 루틴이 될 것이다.

후버만 루틴 2.
일어나자마자 모닝커피 마시면 안 되는 이유

아침에 여유롭게 모닝커피 한 잔을 마시는 상상을 하면 나도 모르게 기분이 좋아진다. 멍한 아침을 향긋하고 고소한 커피로 채워주고 하루를 시작할 수 있게 도와주는 흑마노 빛 차 한 잔은 현대인들에게 빠질 수 없는 루틴 중 하나가 되었다.

우리나라 1인당 커피 소비량은 연간 353잔으로 1인당 세계 커피 소비량의 3배에 달하는 수치다. 이런 수치라면 육아로 지친 엄마들의 하루를 달콤하게 녹여주는 맥심커피, 회사원들의 출근길 로망을 채워주는 테이크아웃 아이스 아메리카노 한 잔을 거의 매일, 하루 한 잔씩 마시는 꼴이다.

우리가 아침마다 커피 한 잔으로 하루를 시작하는 이유는 커피에 들어있는 카페인이 각성 효과를 주기 때문이다. 그런데 모닝커피를 마신 후 오후쯤 급격하게 몰려오는 피곤함을 느낀 적이 있는가? 오후가 되어 피곤함을 느끼면 또다시 커피 한 잔을 급히 찾게 된다. 커피 카페인의 도움으로 일시적으로 각성효과를 일으킬 수 있지만, 주의할 점이 있다. 아침에 일어나자마자 카페인을 섭취하는 것은 오히려 하루 주기에 역효과를 불러일으킬 수 있다. 어떤 이유 때문일까?

아침기상 시 우리가 피로함을 느끼는 이유는 아데노신이라는 피로 물질이 아직 뇌에 축적되어 있기 때문이다. 아데노신은 아침에 일어난 후 활동을 하다 보면 자연스럽게 사용되어 제거된다. 그런데 아침에 일어나서 아데노신이 다 사용되기도 전에 모닝커피를 마시게 되면 아데노신 자리를 카페인이 대체해 버린다. 카페인의 각성 효과로 커피를 마시면 잠깐 각성효과가 나타나 피로를 덜 느낀 상태에서 아침 업무를 보게 되는 것이다.

아침에 미처 해소되지 못한 아데노신(피로물질)과 업무를 하면서 새롭게 생기는 아데노신은 몸에 점점 쌓이게 된다. 그렇게 시간이 지나 카페인 효과가 사라지면 축적된 아데노신이 한꺼번에 몰려와 급격한 피로감을 느끼게 된다. 이런 현상을 '**카페인 크래시**(caffeine crash)'라고 부른다. 카페인 크래시 구간이 반복되면 낮시간 동안 집중력이 크게 떨어지며 급격한 피곤함을 자주 느낀다. 그때마다 우리는 카페인이 더 많이 필요하다고 판단해 다시 커피를 마시게 되고, 그렇게 진짜 피로함은 계속 미루고 미루어져 밤에 한꺼번에 몰아서 찾아오게 된다.

지금보다 더 나은 내가 되기 위한 의지력은 바닥을 치고 그저 도파민에 이끌려 넷플릭스, 게임, 인스타, 유튜브 등등에 나를 맡기게 된다. 피곤할 때 마시는 커피는 미래의 내 의지력을 미리 빌려오는 것이다. 피로는 이자와 원금을 천천히 갚아나가는 원리금등상환이 아니다. 사채업자가 빚 상환을 독촉하듯 한 번에 찾아오는 일시불 상환이다. 이자는 몇 배로 부풀어져 건강 악화로 나타나고, 원하지 않는 불행한 삶으로 대가를 지불해야 한다. 아침에 모닝커피를 마시는 루틴이 있거나, 자주 낮시간에 급격한 피곤함이 밀려온다면 카페인 크러시를 의심해 보자. 앞으로 건강으로부터 빚진 자가 아닌, 주인이 되려면 어떻게 해야 할까?

커피가 삶의 일부가 되어버려 도저히 끊을 수 없다면 카페인을 섭취 타이밍을 기상 후 90분에서 120분 사이로 바꿔보자. 이때는 아데노신이 어느 정도 분해된 상태이기 때문에 카페인 효과를 최대한으로 누릴 수 있다. 커피 타임을 최대한 지연시킬수록 카페인 크래시를 피할 수 있으며 더욱 오랜 시간 동안 집중력을 유지할 수 있을 것이다. 그보다 더 좋은 방법은 피곤함이 밀려올 때 5~10분 정도 짧은 낮잠을 자도록 하자. 주변 눈치가 보여 낮잠을 잘 수 없다면 뒤에 나올 NSDR을 활용해 보자.

후버만 루틴 3.
도파민의 낭비를 최대한 막아야 할 기적의 타이밍

이전에 말했듯 도파민은 우리 뇌의 동기부여와 보상 시스템에 중요한 역할을 하는 신경 전달 물질이다. 여기서 중요한 건 도파민은 하루 총량이 정해져 있다는 것이다. 원하는 것이 있다면 무한하게 공급되는 무한 동기부여가 아니라, 어느 정도 사용되면 점점 양이 줄어들어 하기 싫은 일들을 미루게 되고, 능동적으로 사는 삶을 회피하게 만드는 주범이 된다. 우리가 게임이나 유튜브, 인스타, 드라마로 도피하고 있을 때에도 도파민은 계속 사용된다. 도파민 사용시간이 길어질수록 바닥난 도파민 때문에 더 이상 간단한 책상 정리조차도 못하는 상태의 삶을 살게 될 수 있다. 한껏 떨어진 의욕으로 공부를 하거나 일을 하려면 의지력도 곱절로 사용해야 하는 악순환이 지속된다.

또한 도파민은 의사결정을 할 때마다 사용된다. 아주 작게는 아침마다 옷장에 걸린 옷들 앞에서 "오늘은 이 옷을 입을까? 다른 옷을 입을까?" 고민하는 순간에도 도파민을 사용한다. 애플 창업자 스티브 잡스나 페이스북(현재 메타)의 창업자 마크 저커버그가 한두 가지의 같은 콘셉트 옷을 입는 것도 다 도파민 관리 때문이다. 우리나라 1조 규모의 엔터테인먼트 회사를 설립한 박진영은 바지는 계절별로 한 종류를 여러 벌 사서 돌려 입고, 운동화는 운동화 혀를 위쪽에 꿰매두어 손을 사용하지 않고도 발이 한 번에 들어가도록 만들었다고 한다.

한 분야에서 큰 성과를 이룬 사람들은 한결같이 자신의 하루를 더욱 단순하게 만들기 위해 노력한다. 사소하게 반복되는 것들은 선택이 아닌 루틴화 또는 시스템화하여 가장 중요한 일에만 집중해서 선택하는 힘을 사용한다. 이런 현상은 도파민이 한정되어 있다는 것을 알고 최대한 전략적으로 활용하기 위함일 것이다. 사람들은 모두 그들과 똑같은 24시간을 가지고 있지만, 어떤 사람은 도파민을 내 삶에 도움이 되지 않는 것들에 허비해 버린다. 만약 도파민을 내 삶이 발전되는 일에만 집중해서 활용한다면 내 미래는 어떻게 변화될까?

어떤 사람은 이렇게 극단적으로 도파민을 관리하며 살다 보면 인생이 너무 팍팍해지는 것이 아니냐는 경우도 있을 것이다. 하지만 후버만 교수는 이렇게 말한다. 처음부터 이렇게 극단적이지 않더라도 "아침부터 도파민을 낭비하지 말고 중요한 일을 마친 후에 보상으로 사용하는 것이 좋다"라고 말이다. 예를 들어, 아침에는 중요한 공부나 일을 먼저 하고 저녁 휴식시간에 SNS나 유튜브를 즐기는 것이 훨씬 더 생산성을 높이는 방법이다. 순서 하나만 바꾸어도 당신의 하루는 훨씬 더 효율적이고 고성과가 넘치는 인생으로 변화될 수 있다. 그렇다면 이제 스스로 답해보자. 인생을 극적으로 바꾸어 줄 기적의 도파민 타이밍! 아침에 일어나 가장 먼저 해야 할 루틴은 무엇인가?

후버만 루틴 4.
아침마다 당신을 각성시켜 줄
각성음료 한 잔

아침마다 모닝커피를 마시던 사람이 갑자기 커피를 끊으면 머리가 멍해지고 하루의 시작이 찌뿌드드한 느낌을 받게 된다. 의욕도 낮고 피곤함도 배가되는 느낌에 물에 젖은 솜처럼 몸이 무겁게 느껴진다. 특히 저혈압을 가지고 있는 사람이라면 아침은 너무나도 어지럽고 힘든 시간이다. 이럴 땐 뇌를 단번에 각성시켜 줄 마법의 각성 음료를 마시는 것을 추천한다. 한 번쯤 들어보았을 레드불이나, 핫식스를 이야기하는 것이 아니다. 뇌를 각성시켜 줄 마법의 음료는 바로 '소금물'이다.

'짜게 먹는 것이 만병의 근원'이라는 말이 있을 정도로 우리는 소금에 대해 많은 오해를 하고 있다. 싱겁게 먹는 것이 장수의 비법이라며 방송가와 많은 건강학자들로부터 이야기가 나왔다. 소금은 고혈압, 동맥경화증, 뇌졸중, 심장질환 등 현대인의 성인병을 일으키는 주범이라며 저격했다. 소금이 정말 모든 병의 근원이라는 말은 진실일까? 후버만 교수의 루틴을 통해 나는 그동안 당신이 알지 못했던 소금의 대한 오해를 풀어주고자 한다.

우리 몸에서 혈액순환은 중요 건강 척도다. 특히 혈액이 뇌로 공급되는 것을 돕는 것이 있는데 그게 바로 '소금물'의 중요 역할이다. 소금물은 뇌로 가는 혈액의 양을 증가시켜 충분한 산소와 영양소를 뇌에 공급해 준다. 혈액의 양이 증가된 뇌는 그때부터 활발히 활성화되기 시작한다. 뿐만 아니다. 인간의 몸은 60~100조 개에 달하는 세포로 구성되어 있다. 소금물은 인체의 모든 세포들이 제 역할을 하는 데 꼭 필요한 요소다. 인간의 모든 대사가 소금물을 통해 이루어진다. 신경세포도 소금물을 통해 전기적 신호를 보낸다.

우리 몸의 신호를 전달하는 척수액의 주성분 또한 소금물이다. 소금물은 수분을 몸으로 끌어당겨 혈압을 적절하게 유지시킨다. 아침에 정수 된 물 대신 소금물을 마시면 인슐린도 건드리지 않고, 아침의 배고픔도 줄여주어 식욕 조절에 큰 도움이 된다. 그 때문에 간헐적 단식을 하는 많은 사람들이 아침마다 식사 대신 소금물을 식탁 앞에 놓아두는 경우가 많아졌다.

잠을 잘 때 우리는 500ml 정도의 땀과 수분이 배출된다. 그리고 아침에 일어나서 소변을 보면 많은 양의 소금물이 몸에서 빠져나간다. 우리가 즐겨 마시는 커피나, 음료, 차 등을 마시면 이뇨작용을 촉진에 몸에 필요한 수분을 더 마르게 만든다. 이렇게 내 몸

부록 • 세계 최고의 뇌 과학자가 알려주는 가장 쉬운 성공의 뇌 연금술 219

에 소금물(소금이 섞인 수분)이 모자라면 어떻게 될까? 아래와 같은 현상들이 몸에서 일어나기 시작한다.

지구력 저하, 무기력증, 기억력 감퇴, 머리가 멍하고 잘 안 돌아감, 불면증, 수면장애, 눈이 뻑뻑함, 새끼발톱이 뒤틀림, 만성피로, 빈혈, 어지럼증, 관절 약화, 골다공증, 인대 약화, 잦은 염증, 추위를 잘 탐, 청력 이상, 뒷목 뻐근함, 얼굴에 윤기 없어짐, 피부색 어두워짐, 잡티 증가, 건선, 각질, 가려움, 아토피, 습진, 치아 약화, 소화 불량, 과식, 폭식, 의지력 저하, 입 냄새, 변비, 자궁근종, 발기부전, 조루, 탈모, 머릿결 푸석해짐, 소변 냄새가 심해짐.

이처럼 소금물은 우리 몸에 반드시 필요한 생명수와 같다. 하지만 후버만 교수 역시 고혈압을 가지고 있는 사람은 소금 섭취에 주의하라고 말한다. 20년 동안 자연 섭생으로 1만 명의 건강을 찾아준《짠맛의 힘》의 저자 김은숙·장진기 부부는 소금을 먹지 말아야 하는 사람들을 아래와 같이 나누었다.

소금을 먹지 말아야 하는 사람 :
- **몸이 차가운 사람** : 땀이 없고 목마름 잘 안 느낌

- **과도한 긴장을 한 사람** : 극도의 스트레스를 받고 있음
- **위장이 약한 사람** : 얼굴이 누렇고, 속이 울렁거림
- **심장이 약한 사람** : 얼굴만 붓거나, 벌게지는 사람
- **건강에 대한 염려가 너무 심한 사람** : 항상 초조하고 예민함

일반 소금을 먹는 것은 추천하지 않는다. 바다가 많이 오염되어 있어 소금의 좋은 성분과 함께 오염 물질도 먹게 될 수 있다. 천일염을 구입 후 수개월간 간수를 빼고 프라이팬에 볶는 중에 나온 증기를 흡입해 호흡기 질환이 생긴 사례도 있다. 그러니 소금물을 마시고 싶다면 양질의 소금을 선별해서 물에 타 먹는 것이 중요하다.

요즘은 고온으로 오염 물질을 증발시킨 용융소금을 따뜻한 물에 타서 먹는 것을 추천한다. 3g 정도를 500ml 정도의 물에 타서 마시는 것이 좋지만, 번거롭다면 크게 두 꼬집 집어서 따뜻한 물 한 컵에 넣어 먹는 연습을 해보자. 용융소금보다 더 좋은 것은 '죽염 소금'이다. 하지만 가격이 높고 특유의 죽염 향에 익숙해지는 시간이 필요하다. 그러니 처음에는 죽염보다 용융소금으로 루틴을 만들고 점차 익숙해지면 죽염도 도전해보자.

나는 1년 넘게 아침마다 따뜻한 소금물을 마시고 있다. 이제는 짭짤한 설렁탕 국물을 마시는 느낌이다. 밤에 야식이 먹고 싶을 때도 소금물을 애용하면 좋다. 따뜻한 소금물과는 별개로 아침에 죽염수 가글을 1분씩 한다. 이것은 가수 이승기 씨의 아침 루틴 중 하나이기도 하다. 이 루틴을 시작한 후 나는 거의 감기에 걸리지

않는다. (참고로 나는 비염과 감기의 대명사였다.) 아침 소금차 한 잔이 뇌를 파워풀하게 각성시킬 수 있다는 것을 알았다면 더 이상 '얼죽아'가 아닌 '소금차'로 뇌를 기분 좋게 해보는 것은 어떤가?

후버만 루틴 5.
뇌와 신체를 위한 최적의 운동인
Zone2 운동을 하라

병원에서는 아이가 태어나면 가장 먼저 플라스틱 상자에 들어간다. 그다음부터는 유치원이라는 상자, 초·중·고등학교, 대학, 회사라는 상자에서 요양원이라는 상자, 마지막으로 죽음을 맞이했을 때는 '관'이라는 상자에 들어간다. 요즘 세상을 살아가는 사람들에게는 하나 더 추가된 상자가 있다. 내 정신을 TV, 컴퓨터, 스마트폰이라는 네모난 화면 상자 속에 가둔다. 사람들이 자신을 이런 상자에 계속해서 가둬두려는 이유는 정신적 스트레스와 비교의식, 결과에 대한 불만족 등으로 나타나는 우울함 등이 있다.

하지만 상자 속에 계속해서 들어가 있는다고 해서 이런 스트레스와 우울증이 사라질 리가 있겠는가? 그보다 더 확실하고 빠르게 당신의 우울증과 스트레스를 날려 줄 가장 중요한 요소를 빼먹었다. 바로 인간의 몸이라는 상자 안에 갇힌 최고의 무기! '뇌' 말이다.

뇌는 작고 어두운 머릿속에 갇혀있지만, 사실 온몸의 감각들을 깨워 세상과 연결되어 살 수 있도록 돕는다. 동물들과 다르게 인간만이 갖고 있는 신체적 특징이 있는데, 그 비밀은 바로 뇌가 머리 밖으로 나와 있다는 것이다. 너무 놀랐는가? 몸 밖으로 나와 있는 뇌라니…. 무슨 말일까? 뇌의 활용도를 적극 높이기 위해 우리가 매일 사용하는 '손', '발', '입'이 바로 밖으로 나온 뇌이다. 손, 발, 입을 잘 활용할 때 인간은 인간다움을 회복하며 스트레스가 줄어든다. 특히 이번 루틴에서는 '발'을 활용한 비밀을 알려주려고 한다. 그 비밀은 무엇일까? 여기 그 메시지에 대한 답을 줄 한 사례가 있다.

사랑하는 조카를 사고로 잃고 심각한 우울증을 앓게 된 엘리스는 어느 날 문득 집을 박차고 나와 달리기를 시작했다.

"제가 6km나 달렸어요. 일반 사람들은 5km를 위해 두 달 정도 훈련하지만 저는 달리는 내내 미소가 그냥 나와서 달렸어요."

엘리스는 꾸준히 달리며 우울증을 치료했다. 우울증과 달리기는 어떤 연관성이 있는 걸까? 하버드 임상정신과 존 레이티 교수는 달리기를 100% 신뢰한다. 그는 달리기 운동이 우울증을 치유한다고 말한다. 우울증이 있는 사람을 30분씩 달리게 하면 우울증 정도가 약 40% 감소하고, 긴장도 역시 50% 감소한다. 심지어 노인환자들은 약물치료와 비슷한 치료효과를 볼 정도이다. 우울증 치료를 위해 약을 먹을 때 약물치료는 재발률을 5배 높인다. 반면 달리기를 한 사람들을 30년간 추적 관찰 결과 치매에 걸릴 확률이 낮아졌고, 심장 질환도 낮았으며, 두뇌도 더욱 활성화되었다. 이뿐만 아니라 알츠하이머 증상이 50% 줄어들었다. 심지어 세포재생과 신경계 연결이 원활해졌다. 학습능력과 기억, 감정 조절이 강화되었으며 노화도 늦춰졌다.

마라톤 기부로 유명한 선의 경우 현재 53세에 신체 나이를 가졌지만, 그의 몸은 거의 완벽에 가까운 상태다. 한 TV 방송에서 선의 건강상태를 점검해 본 결과 마라톤을 오래 했는데도 불구하고 발목관절과 무릎뼈가 멀쩡했으며, 더욱 놀라운 것은 믿기지 않는 그의 혈관 상태였다. 혈관 측정 결과 그의 혈관 상태는 40대, 30대도 아닌 10대로 나왔다. 선의 신체를 측정한 의사가 놀라서 입을 다물지 못할 정도였다. 심장, 스트레스 지수, 혈관 상태 등등 오랜 시간 의사 생활을 하는 동안 자신도 처음 보는 기초대사량과 신체 상태라며 그는 놀라움을 감추지 못했다. 사람들이 생각하는 평균 신체나이를 대입해 본다면 선은 납득되지 않는 기적에 가까운 신체를 갖고 있는 것과 같다.

인간은 늑대나, 토끼, 소, 멧돼지와 같은 포유류보다 빠르지 않다. 대신 인간보다 빠른 포유류를 사냥할 수 있도록 오래 달릴 수 있는 능력을 갖추고 있다. 단기적으로 보면 포유류가 인간보다 빠르기 때문에 유리해 보이지만, 결국 장기적으로 보면 인간은 오랫동안 달릴 수 있기 때문에 빨리 달리다 지쳐서 쓰러져있는 포유류를 사냥할 수 있었다. 지속적으로 달릴 수 있는 힘은 오직 인간만이 가지고 있는 고유 능력이다. 하지만 사회화가 이루어지고 난 후 사람들은 더 이상 오랫동안 걷거나 달리지 않고도 편리함을 누릴 수 있게 되었다. 인간이 만들어 놓은 편리함 덕분에 인간 고유의 능력인 오래 걷거나 달리는 능력을 계발하지 않아 인간은 갖지 않아도 될 수많은 질병들을 얻게 되었다. 그렇다면 션처럼 10대의 몸은 아니더라도 진정한 나만의 고유능력을 개발시켜 나간다면 뇌과학적으로 더더욱 건강한 삶을 살 수 있게 되지 않을까? 후버만 교수는 그 방법 중 하나로 당신에게 Zone2 운동 루틴인 달리기를 권하고 있다. 운동할 때 우리 몸에서는 엔도르핀, 엔도카나비노이드 성분이 나온다. 이는 기분을 좋게 하고 통증을 줄여주며, 뇌의 기능을 회복시켜 당신이 원하는 진짜 삶의 모습으로 되돌려주는 효과를 보게 된다.

프랑스 인지신경과학 박사인 이드리스 아베르칸(Idriss Aberkane)은 대부분의 사람들이 평가받는 삶을 살고 있다고 한다. 하지만, 진짜 삶은 평가 받는 삶을 포함하지만, 평가받는 삶은 진짜 삶을 포함할 수 없다. 진짜 삶은 유서 깊고 인간의 존엄이 있으며 참됨을 회복하고, 귀한 삶이라고 이야기한다. 하지만 우리들은 평가받는 삶이라는 종교에 빠져서 그들만의 종교의식인 '시험과 학벌'이라는 종교재판을 받고 있다.

달리기는 우리를 진정한 행복과 만족도 높은 삶으로 이끌어 주는 마차와도 같다. 신체활동 중에서 뇌의 뉴런과 세포와 모든 감각기관이 가장 잘 활성화될 수 있는 영역으로 도달하게 해주는 것이 바로 달리기다.

처음 달리기를 시작했다면 인터벌 러닝으로 시작하는 것이 좋다. 너무 오랜 시간보다는 10분을 달려내는 것을 목표로 삼자. 이때 걷는 것과 다를 바 없는 거북이 모드 달리기로 달리다가 숨이 차면 걷기 시작한다. 이렇게 인터벌 러닝에 익숙해지면 어느샌가 10분을 쉬지 않고 달리는 나를 발견할 수 있게 된다. 점점 11분, 12분, 13분…, 늘려나가면서 30분까지 달리는 시간을 늘려보자. 그때부터 당신의 뇌는 다른 세상을 만나게 된다. 상자 속에만 갇혀 있던 뇌가 희망과 빛이 가득한 밖으로 빠져나오는 듯한 기분 좋음을 느낄 수 있을 것이다.

나이를 먹을수록 뇌 속 세포 수가 점차 줄어든다. 계속 줄어들기만 하는 것이 아니라 새로 생겨나고 줄어들기를 반복하는데, 이때 달리기를 하면 놀라운 효과가 나타난다. 달리기를 하면 할수록 BDNF(brain-derived neurotrophic factor)라는 신경 성장인자가 분비되는데, 이때 BDNF가 새로 생기는 세포의 양을 더 많게 해주어 뇌의 세포 수가 줄어드는 속도를 늦추는 역할을 한다. 달리기를 하는 사람들이 '역노화'를 실현할 수 있는 이유가 바로 이런 효과 때문이다.

또한 달리기를 하는 동안 뇌에서는 행복호르몬인 엔돌핀, 유포리아, 안정감을 주는 아난다마이드라는 물질도 나온다. 하루 10분만 투자해도 역노화가 가능하며 세상에서 가장 행복하고 건강한 사람이 될 수 있는데 굳이 미룰 필요가 있을까?

만약 혼자서 시작하는 것에 어려움을 느낀다면 온라인으로 러닝 크루들을 찾아보는 것도 방법일 수 있다. 크루들이 사용하는 단어나 사람들의 됨됨이를 보고 이곳저곳을 찾아보며 나와 결이 맞고 목적의식이 같은 좋은 사람들을 찾아보자. 러닝 크루를 추천하는 이유는 달리기를 함께 하다 보면 같이 뛰는 사람들과 맥박과 심박수, 뇌파도 같이 맞춰지기 때문이다. 이를 통해 공감 능력이나 신뢰감도 함께 높아진다. 이렇게 같이 뛰게 되면 책임감과 연대감, 행복 호르몬인 옥시토신도 나오게 되어 자연스럽게 소속감과 행복감도 올라간다.

달리기는 몸 건강, 마음 건강은 기본이고 인간이 가진 고유 능력까지 회복하게 해준다. 인간이 가진 가장 강력한 장점인 오래달리기의 능력을 회복할 때 강인했던 정신과 집중력, 스트레스 해소 능력, 그리고 타인과의 유대감과 협동능력들이 되살아난다. 어둡고 좁은 상자에 갇혀 접혀 있던 황금 날개를 펴고 하늘을 날 수 있는 능력을 갖추게 되는 것이다. 매일 하루 10분, 당신이 가진 고유의 황금 날개를 펼칠 시간이다.

⭘ 한 고등학교에서 펼쳐지는 0교시 수업 풍경, 그리고 프로 갓생의 삶

네이퍼빌 센트럴 고등학교의 0교시 수업은 운동이다. 운동이 뇌에 혈액을 공급하고, 수업 집중도와 성과를 높여주는 것을 알았기에 시작된 0교시 프로젝트였다.

우리나라 방송에서도 이와 비슷한 실험을 한 적이 있다. 한 그룹의 학생들은 30분 일찍 등교하여 학교 체육관에서 30분씩 뛰게 했고, 한 그룹은 30분 일찍 도착해서 자리에 앉아 자습을 하게 했다. 두 그룹의 학습 차이는 어땠을까? 아침 일찍 등교해서 학교 체육관을 30분씩 뛴 그룹이 30분 일찍 도착해서 자습을 한 그룹보다 성적이 월등하게 더 높아졌다.

이와 비슷한 사례는 일본에서도 찾아볼 수 있다. 일본에 있는 기적의 유치원에서는 매일 아침 아이들을 뛰게 만든다. 달리기야말로 아이들의 본능이며, 달리기를 통해 아이들의 그릇을 크게 키울 수 있다고 믿기 때문이다. 기적의 유치원에서 매일 아침마다 달리기를 했던 아이들을 추적 관찰한 결과 성인이 된 이후 일본의 핵심 엘리트가 되어 일본의 생산성을 이끌고 있음을 알 수 있었다.

요즘 마라톤 동호회에서는 2030 인구가 급격히 증가하고 있다. 자신의 인생을 갓생(God生)으로 살려는 20~30대들이 많아지면서 가장 가성비 좋은 인생 업그레이드 프로젝트로 마라톤 동호회를 선호하는 현상이 나타난 것이다. 젊은 세대에 갓생 열풍이 불면서 올해 4월 개최된 2024 서울하프마라톤의 전체 참가 신청자 2만 4명 중 2030 세대는 1만3294명으로 66%나 되었다.

미국에서도 비슷한 라이프 스타일이 유행하고 있는데, 뉴욕시 마라톤에 참가한 20~29세 참가자 수는 2019년 8,230명에서 2023년에는 약 1만 명 수준으로 증가했고, 2024년에는 3만 명으로 늘어났다. 마라톤 동호회에 젊은 사람들이 넘쳐나기 시작했다. 젊은 세대가 이렇게 프로 갓생러를 살기 위해 노력하는 모습들을 보며 희망이 느껴진다. 지금 당장 작은 상자 안에서 탈출해 더 큰 세상을 만나는 달리기를 시작하자. 당신은 미래에 '역노화'와 '프로페셔널'함을 선물로 받게 된다.

○ 앤드류 후버만 교수가 추천하는 역노화의 비밀! Zone2 운동법

달리기를 처음 시작한다면 앤드류 후버만 교수가 추천하는 Zone2 운동을 추천한다. Zone2 운동이란 심박수를 자신의 최대 심박수의 60~70%로 유지하는 저강도 유산소 운동을 의미한다. 심장 박동은 총 다섯 구간으로 나뉘는데, Zone1부터 Zone5까지로 나누었을 때 이 중 두 번째가 Zone2구간이다. 살짝 숨이 차지만 대화를 할 수 있는 정도의 운동이 이 구간 운동에 속한다. 만일 Zone2를 넘어서서 심박수가 80% 이상으로 올라가는 Zone3~5운동을 하면 탄수화물을 주 에너지로 사용하며, 몸이 산성화되고 피로 물질인 아데노신이 쌓이게 된다.

격렬하지 않으면서 운동의 강점을 극대화시키는 Zone2운동은 신체 건강뿐만 아니라 뇌세포 재생, 인지 능력 향상에도 큰 도움을 준다. 이 운동을 꾸준히 실천하면 기억력, 학습 능력, 집중력 등이 향상된다. 해마의 뇌세포를 최대 2%까지 재생시킬 수 있으며, 이는 치매와 같은 인지 장애를 예방하는 데에도 효과적이다. 폐 기능을 강화하여 몸이 하는 모든 일을 남들보다 잘하게 되는 지구력과 끈기를 갖게 되고 노화를 최대한 늦춘다. 또한 신체에 산소를 공급해 몸의 회복 능력도 높아진다.

　Zone2 운동은 빠른 걷기나 느린 조깅과 같이 쉽게 실천할 수 있는 운동으로, 일주일에 최소 150분 이상 꾸준히 하는 것을 권장한다. 관절이 약한 사람은 달리기보다는 수영을 추천한다. 수영법 중에서도 느리게 오랫동안 할 수 있는 장시간 평형을 추천한다. 하지만 루틴1에서 이야기한 일주기를 위해 야외에서 수영하는 것이 아니라면 햇볕을 쬐는 시간은 따로 확보하자. Zone2 운동은 부상 위험이 적고 오랫동안 지속할 수 있어 꾸준함도 기를 수 있으며 몸의 회복력도 높여주기에 안 할 이유가 없다.

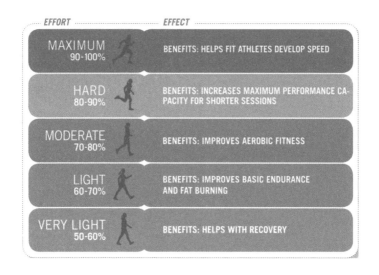

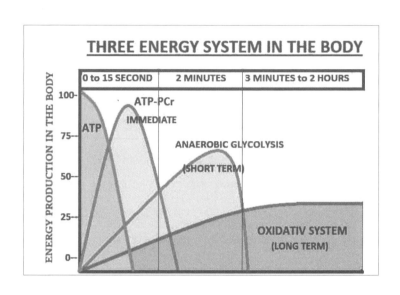

후버만 루틴 6.
뇌의 주기에 맞춘 최적 활용법,
울트라디언 사이클(ultradian cycle)

　앞서 우리 몸의 뇌와 신체는 24시간 주기의 일주기 리듬을 가지고 있다고 알려준 바 있다. 일주기 중에서도 90~120분 사이클을 주기로 작동한다. 이를 울트라디언 사이클(ultradian cycle)이라고 한다. 울트라디언 사이클에 따라 성과를 내고 싶다면 90분~120분간 집중하여 굵직한 프로젝트나 일을 처리한 후 20분간의 휴식을 취하는 것이 가장 이상적인 집중 방법이다. 이 사이클을 따라 업무 일정을 실행함으로써 당신은 최대의 집중력, 최고의 성과를 만들어 낼 수 있다.

　여기서 20분 휴식이 핵심이다. 이 시간은 단순 휴식시간이 아니다. 20분 동안 다음 주기에 집중할 수 있는 에너지를 모아야 한다. 휴식시간에는 어떤 스크린에도 집중해서는 안 된다. 유튜브, 인스타, TV, 게임 등에 집중하는 순간 집중력이 바로 떨어져 다음 주기에 집중할 힘을 잃게 된다. 그러므로 20분 휴식하는 동안에는 편안히 눈을 감고 휴식하거나 실내에서 천천히 돌아다니거나 산책을 하는 것이 집중력을 회복하는 데 도움이 된다. 후버만 교수는 이를 무집중시간(Defocus time)이라고 한다.

모든 사람이 90분 동안 집중할 수 있는 것은 아니다. 어릴 때부터 바둑이나 독서로 장시간 집중에 단련된 사람들은 너끈히 해낼 수 있지만, 요즘처럼 7초 집중 숏폼 세대들에게는 20분을 집중하는 것도 어려울 수 있다. 그럴 때 유효한 방법이 있다. 바로 '타이머'를 맞추는 것이다. 내가 최대한 집중할 수 있는 시간을 설정해두고 업무에 집중해 보자. 현재 나는 25분 집중하고 5분 동안 무집중시간을 갖는다.

프로젝트나 일을 할 때 데드라인을 설정해 놓으면 미뤄두었던 일들도 마감 시간이 가까워올수록 집중력이 극대로 높아지는 경험을 한 적이 있을 것이다. 이것은 노르에피네프린이 분비되어 일어나는 일이다. 노르에피네프린이 나오는 동안은 각성 수준이 올라가 놀라운 집중력을 가져다준다. 시험 전날 벼락치기를 하던 이유도 이 때문이다.

나만의 울트라디언 사이클을 설정해 업무를 하다 보면 극도의 집중효과를 1시간에 2번씩 누릴 수 있다. 노르에피네프린 호르몬을 활용해 극강의 업무 집중력을 사용했으면 반드시 최소 5분 동안 쉬며 다시 리프래시 할 수 있는 무집중시간이 필요하다. 이 사이클을 3~4회 반복한 후에는 20분 무집중시간을 갖는다.

집중과 휴식에 최적화된 사이클을 울트라디언 사이클(ultradian cycle)이라고 한다면 이에 맞는 집중과 휴식에 맞게 시간을 쓰는 방식을 토마토에 골이 나 있는 것과 비슷하다고 해서 **포모도로 기법**(Pomodoro Technique)이라고 한다. 25분을 집중하고 5분 쉬는 한 사이클은 1 포모도로다. 이렇게 하루를 보내다 보면 나에게 집중해서 무언가를 할 수 있는 시간이 예상보다 많지 않다는 것을 알 수 있다. 하루에 내가 얼마만큼의 포모도로를 가지고 있고 그 시간 동안 어떤 일을 할 수 있는지를 미리 예상해 보자. 그리고 그대로 실행해 보면 그 시간 안에 해내는 경우도 있고, 더 일찍 끝내게 되는 경우가 생긴다. 몇 번의 테스트 후 다음 계획을 짤 때 이전에 계획했던 것을 참고하면 더 정교하고 더 정확한 시간 계획을 세울 수 있게 된다. 이렇게 시간을 계획하는 연습을 하면 내가 주어진 시간 동안 어떤 일들을 해낼 수 있는지를 더욱 잘 알게 되며 고성과에 몰입할 수 있는 능력까지 업그레이드 된다.

경영학의 아버지 피터 드러커 교수는 경영의 시작은 **내가 사용하는 시간을 아는 것**에 있다고 했다. 어떠한 '일'을 계획하는 것이 아니라 '시간'을 계획하는 것이라고 말한다. 당신도 울트라디언 사이클과 포모도로 기법을 통해 내 안에 잠재된 집중력을 100% 발휘하는 삶을 살 수 있다. 그렇게 보낸 하루하루가 복리로 쌓이면 1년 후, 5년 후, 10년 후의 당신의 미래는 어떻게 변할까?

후버만 루틴 7.
최적화된 성공의 뇌를 원한다면
반드시 '이것'을 줄여라

　사회 부적응자에서 강연자로 인생을 바꾼 후 성장해 가고 있던 어느 날, 멘토 한 분이 나를 부르더니 진심 어린 표정과 정중한 말투로 조심스레 말을 건네 오셨다.

　"강 대표, 강사 하려면 살 빼야 돼."

　인천에서 대구, 광주, 창원, 부산까지 전국을 누비며 강연을 하느라 매일 식사를 제때 하지 못하고 집에 늦게 도착해 폭식으로 하루를 마무리하는 일상이 허다했다. 끊임없이 불어나는 체중에 체중계가 화면을 뚫고 나올 지경이 되었다. 몸은 무겁고 머리도 멍해지고 허리와 발목관절부터 시작해서 온몸이 아파왔다. 무명의 강사를 냉담하게 바라보는 사람들의 시선 속에서 부정의 에너지를 긍정의 에너지로 바꾸기 위해 온 에너지를 사용할 만큼 항상 사력을 다해 강의했다.

매순간 극도의 긴장이 계속되었고, '이거 아니면 죽는다.'라는 마음으로 강연을 하다 보니 조금씩 건강이 무너지기 시작했다. 건강은 둘째 치더라도 자기 관리가 전혀 안 되어 보이는 외관은 첫인상부터 신뢰를 확 깎아내렸다. 정말 별의별 다이어트를 다 해봤다. 일정이 없는 3일 동안 세수도 안 하고 물도 안 마시는 극단적인 단식 다이어트도 해보았다. 살 빼는 데 좋다는 수백만 원짜리 영양제도 먹어보았다. 하지만 그 순간일 뿐, 매번 체중계는 인생 최대 몸무게를 갱신하는 요요가 왔음을 알려주곤 했다.

지방 강의를 다니던 강사 초반 시절

당신도 혹시 점심에 너무 맛있다며 배가 가득 차도록 식사를 한 경험이 있는가? 거기다 후식으로 달달한 모카 라떼나 바닐라 라떼 한 잔까지 신나게 먹어본 일이 있는가? 맛있는 음식이 넘쳐나는 세상에서 먹는 시간만큼은 진정 입이 행복한 순간이다. 하지만 문제는 그다음부터다. 음식을 꾸역꾸역 배가 차오를 때까지 먹고 난 후 파도처럼 몰려오는 피곤함과 졸음에 한동안 정신을 못 차리게 된다. 식후 자리에 앉아 쏟아지는 졸음에 계속해서 고개를 떨어뜨리며 쉼 없이 인사를 하는 경험은 비단 나만 해본 것은 아닐 것이다.

음식을 먹으면 그때부터 몸은 음식물들을 소화시키기 위해 부교감 신경계를 활성화시킨다. 혈압과 심박수가 떨어지고, 뇌로 가야 할 혈액들이 모두 소화를 위해 장기로 몰리게 된다. 졸음이 온다고 정신을 차리기 위해 달달한 믹스커피 한 잔이나 초콜릿 같은 간식이라도 몇 개 먹는다면 그때부터 몸 안에서는 비상등이 켜진다. 끝도 모르게 치솟는 혈당을 해결하기 위해 혈당 해결사 인슐린이 분비된다. 마구 분비된 인슐린들이 겨우 혈당을 낮출 때쯤 가까스로 찾은 집중력은 다시 떨어지고 뭔가 모를 출출함이 또다시 밀려온다. 물론 이 출출함은 가짜 배고픔이다. 졸음방지용으로 책상에 사다 놓은 간식을 아무렇지도 않게 몇 개 먹다 보면 다시 혈당은 높아지고 인슐린이 분비되어 남은 혈당들을 지방으로 저장시킨다.

이런 날이 반복되다 보면 몸은 점점 무거워지고, 맑은 정신이 아닌 어딘가 흐린 날씨처럼 축 늘어진 하루를 보내게 된다. 이런 상태가 지속된다면 최적화된 맑은 하루는 영원히 기대할 수 없다. 하루라도 빨리 비상등이 주는 경고를 알아채고 최적화된 하루를 만들어야 한다. 어떻게 해야 할까?

최적화된 성공의 뇌를 만들고 싶다면 강력하게 '간헐적 단식'을 추천한다. 간헐적 단식을 하는 동안 몸에서는 인슐린의 분비가 억제되고 노르에피네프린이 분비된다. 노르에피네프린은 교감신경계를 활성화시켜 집중력을 높이고 지방세포를 분해해서 에너지원으로 사용하도록 돕는 역할을 한다. 달리기를 할 때도 10분 정도 지나야 지방을 사용하기 시작하는데 간헐적 단식은 가만히 있는 동안에도 내 몸에 쌓였던 지방들을 사용하기 시작한다. 나는 운동하나 없이 간헐적 단식으로만 26kg을 감량했다. 이렇게 단식 상태에 돌입하면 머리는 점점 맑아지고 많은 일들을 몰입해서 할 수 있는 성공의 뇌가 되기에 충분한 최적화 상태가 된다. 나는 다이어트는 정말 힘들게 땀나게 운동하며, 거의 야채만 먹고 살면서 배고프게 해야 하는 것이라고 생각했다. 철저히 착각이었다. 간헐적 단식을 하면서 느낀 점은 이것이었다.

'세상에 이렇게 쉬운 다이어트가 있다니!'

간헐적 단식 하는 동안 점심만큼은 먹고 싶은 고기도 실컷 먹으며 할 수 있었다. 여전히 나는 간헐적 단식을 통해 성공으로 가는 에너지를 집중하고 있다.

간헐적 단식의 가장 큰 이점 중 하나는 노화를 지연시키고 면역 체계를 강화한다는 것이다. 단식이 일어나는 동안 몸 안에 쌓인 지방세포들을 에너지로 소비하게 되는데 우리 몸은 너무나 똑똑해서 나이 들고 노화된 세포 먼저 분해하여 에너지원으로 사용한다. 이 과정을 **오토파지**(Autophagy)라고 한다. 세포 내 자가 청소 작용이 일어나 불필요한 세포를 제거하고 새로운 세포 성분을 생성한다.

서울대학교 백성희 교수가 발행한 논문에 의하면 오토파지는 암, 신경 퇴행성 질환(예: 알츠하이머병, 파킨슨병), 당뇨병 등과 관련된 다양한 질환을 예방한다. 세포 내 불필요한 물질을 제거함으로써 이러한 질환의 진행을 억제할 수 있다. 반대로 너무 자주 먹어서 몸에서 오토파지를 못 하게 한다면 노화가 가속화되고 인슐린 저하효과도 없어지며, 병의 질환을 호전시키는 많은 약들도 효과가 약해지거나 없어지는 것을 발견할 수 있다.

일반적으로 간헐적 단식을 진행하는 방법은 여러 가지지만, 필자가 추천하는 것은 18시간 단식이다. (단식 시간은 각자의 상황과 건강 상태에 따라 다르게 적용해야 한다.) 간헐적 단식은 공복 시간을 오랫동안 가져감으로써 꼬로록 소리를 즐길 수 있는 상태로 만드는 것도 재미있는 목표다. 이제 구체적으로 간헐적 단식 루틴을 알려주겠다.

먼저 아침에는 소금물과 영양제를 먹는다. 아침 시간 동안 공복을 유지한 후 점심 식사 한 끼는 정말 푸짐하게 먹는다. 주로 고기를 많이 먹고 되도록 설탕, 밀가루, 튀김은 피한다. 저녁에는 위에 무리가 안 가는 식사 대용으로 셰이크를 추천한다. 셰이크는 미강가루 같이 잡곡을 섞은 가루를 아몬드 우유에 섞어 먹는 것으로, 단백질을 보충하고 허기를 달래준다. 18시 이후에는 절대 어떤 간식도 입에 대지 않는다. 가장 쉽게 설명해 본다면 암 치유의 대가 어해용 박사는 이렇게 말한다.

"해 떨어지면 어떤 음식도 입으로 가져가지 마라"

이렇게 하루만 지나도 몸무게가 줄어들기 시작한다. 물론 처음에는 수분이 빠지는 값이다. 하지만 꾸준히 하게 되면 지방대사가 시작되고 그때부터는 본격적으로 지방세포를 잡아먹는 오토파지의 청소력이 극대화 되기 시작한다. 간헐적 단식을 시작하고 2주일 정도 지나면 운동을 하나도 안 하고도 2~5kg까지 감량이 된다. 머리도 맑아지고 피부에 잡티도 점점 사라지고 최고의 집중력을 발휘할 수 있는 상태가 된다.

후버만 루틴 중 가장 강력한 효과가 간헐적 단식이다. 뇌과학을 공부하기 전까지 나는 간헐적 단식이나 다이어트 모두 살을 빼기 위한 것이라고 생각했다. 하지만 지금은 완전히 다른 관점이 생겼다. 내 몸에 충분한 공복 타임을 주는 것은 뇌를 사랑하는 방법이었다. 성공을 입은 뇌로 가는 최고의 방법이 바로 간헐적 단식인 것이다.

다만 초반에 몸에 간헐적 단식 루틴이 익숙해질 때까지는 노르에피네프린이 나올 때 나도 모르게 예민한 반응을 보일 수 있다. 가족과 함께 있을 때 나도 모르게 화가 잦아질 수 있으니 시작하기 전 미리 양해를 구하고 감정이 요동칠 때마다 심호흡을 하며 감정을 조절하자. 이 역시 2주 뒤에는 크게 예민해지지 않고 꼬로록거림을 즐길 수 있게 된다. 너무 배가 고프면 따듯한 소금물을 한 잔 더 마시면 배고픔을 달랠 수 있으니 참고하자. 그래도 너무 배가 고프다면 일찍 잠자리에 들자. 밤 동안 내 몸에 오래된 세포들을 포식해서 아침에 배고픔이 많이 없어질 것이다. 무엇보다 간헐적 단식 후 숙면을 했다는 사람들을 너무 많이 봤다. 그러니 당신도 적당한 배고픔을 즐기며 숙면의 세상으로 나를 초대해 보라. 이제 내 인생 최고의 컨디션을 맞이할 준비가 되었으면 간헐적 단식을 시작하자.

후버만 루틴 8.
피로한 두뇌에게 가장 완벽한 회복을 주는 비결

○ 가장 완벽한 수면(NSDR: Non-Sleep Deep Rest)

뇌는 일상적으로 절전모드에 있기 때문에 일정한 휴식을 필요로 한다. 열심히 하겠다고 6시간, 10시간 동안 앉아서 일을 해봐야 실제로 최대의 효율이 나지 않는다는 말이다. (심지어 게임을 할 때도 그렇다.) 뇌가 최대로 집중할 수 있는 시간이 지나면 앉아만 있을 뿐 업무효율은 제로에 가까운 상태가 되어 버린다. 아마 얼른 일을 끝내버리고 싶어서 평소보다 훨씬 오랫동안 업무를 했는데도 결과물은 오히려 더 마음에 들지 않게 나왔던 경험도 있을 것이다.

반대로 집중이 정말 잘 될 때는 하루종일 걸릴 일도 몇 시간 안에 해결해 버리는 경우도 있다. 이때는 어떤 일을 하더라도 최고의 몰입감과 집중력을 무기 삼아 최고의 퍼포먼스를 만들어 낸다.

몰입하는 시간이 더없이 즐거워 일도 마치 놀이처럼 즐겁게 한다. '이렇게 일이 잘돼도 되나?'라는 생각이 들 정도로 일이 재미있다. 하는 일마다 성과가 폭발하고 주위 사람들로부터 부러움의 대상이 된다. 단지 나는 일에 집중했을 뿐인데 남다른 성과는 어느새 나라는 사람의 정체성이자 삶의 일부가 되어 버렸다.

일을 열심히 하는데도 성과가 나지 않는 사람과 온종일 걸릴 일도 몇 시간 안에 해결해 버리는 사람은 어떤 차이가 있는 것일까? 그 비밀은 '뇌를 쉬게 하는 것'에 있다. 뇌를 확실히 쉬게 하는 방법을 아는 사람은 짧은 시간만으로도 일에 무섭게 몰입하여 성과를 창출하는 반면, 뇌를 확실히 사용하는 방법을 모르는 사람은 내 삶에 몰입은커녕 그저 오늘도 사건이 터지지 않고 무사히 지나가기만을 기대한 채 살아가기 바쁘다. 그렇다면 뇌를 쉬게 한다는 것은 어떤 의미일까?

그것은 'NSDR(Non-Sleep Deep Rest)'이라는 깊이 쉬는 시간을 아는 것에 있다. 뇌가 가진 순간적 몰입 능력을 100% 발휘하게 하기 위해서는 10~20분 정도 잠 안 자고 깊이 쉬는 시간, 즉 NSDR타임이 있어야 한다. 후버만 교수의 6번 루틴에 있는 울트라디언사이클 한 번당 1회의 NSDR을 가지면 더욱 좋다. NSDR은 낮잠을 자지 않고도 깊은 휴식을 취할 수 있는 방식이다. NSDR 타임을 갖는 동안 뇌에서는 잔여로 쌓여있던 호르몬의 찌꺼기들이나 과하게 사용된 뇌의 부분들이 쉬는 시간을 갖는다.

운동을 할 때 과하면 근육통이 생기거나 부상을 당하게 되듯이,

우리가 어떤 일을 할 때 충분히 쉬어주지 않으면 뇌는 과부하에 걸린다. 그 순간 집중력과 몰입이 약해지고 잦은 실수를 반복하게 되는 상황이 된다. 그렇게 되기 전에 반드시 뇌를 이완 상태로 만들어 짧은 시간 동안 신체와 정신을 최대한 이완시켜 에너지와 집중력을 회복할 수 있도록 해 주어야 한다. 특히 직장인이나 바쁜 일상을 보내는 사람에게 NSDR은 필수적인 기술로 자리 잡을 수 있다.

NSDR의 핵심은 편안한 자세로 앉거나 눕고, 복식 호흡을 통해 몸을 이완시키는 것이다. 명상 음악이나 가이드의 도움을 받아 발끝부터 머리끝까지 순차적으로 긴장을 푸는 과정을 거친다. 이 과정에서 잠에 빠지더라도 괜찮다. 오히려 더 깊은 휴식을 취할 수 있다. NSDR을 통해 당신은 깨어 있는 동안에도 마치 충분한 수면을 취한 듯한 상쾌함을 느낄 수 있으며, 이는 업무 영역에서 생산성과 창의력을 크게 향상시킨다.

의도적으로 최적화 상태로 가기 위한 10~20분의 휴식을 취해 본 적이 있는가? 그때는 핸드폰을 해서도 안 되고, 책을 읽어서도 안 된다. 그저 나를 위해, 내 뇌를 위한 온전한 휴식이어야만 한다. 최적화된 나를 만들기 위한 비움의 시간을 갖는 것이다. 지금까지 한 번도 가진 적이 없었다면 많은 시간들이 당신의 인생에서 비효율적으로 줄줄 새며 낭비되고 있을 가능성이 크다. 이 책에서 NSDR을 만난 것이 여러분 인생의 큰 전환점이 될 것이다.

요가, 명상, 최면 등 여러 가지 NSDR기법이 있지만, 후버만 교수가 가장 추천하는 것은 최면이다. 스텐퍼드 하버드 예일에서 연구하고 결과가 나온 최면의 기술들이 있다. 'Reveri.com'이라는 사이트다. 앱스토어에서도 다운 받아 언제든 사용할 수 있다. 영어로 이야기하지만 한국 수능에서 듣기평가를 볼 수 있는 수준이라면 알아들을 수 있는 정도의 간단한 영어다. 갤럭시 스마트폰을 가지고 있는 사람이라면 홈 버튼을 길게 눌러서 번역기능을 사용하면 영어로 나오는 설명을 한글로 바로 번역해주어 쉽게 이해할 수 있을 것이다. 개인마다 최면에 걸리는 성향이 달라서 효과는 다소 차이가 있겠지만, 종교를 가지고 있거나 명상이나 요가를 평소에 자주 하던 사람이라면 효과가 확실히 좋다. 최면에 거부감이 있는 사람은 한국에서 만든 무료 명상 어플로 NSDR을 연습하는 것을 추천한다.

○ 후버만 교수의 NSDR

10분 NDSR

10 Minute Non-Sleep Deep Rest (NSDR) to Restore Mental & Physical Energy | Dr. Andrew Huberman

20분 NDSR

20 Minute Non-Sleep Deep Rest (NSDR) to Restore Mental & Physical Energy | Dr. Andrew Huberman

영어로 되어 있지만 영어 듣기 평가를 할 수 있는 수준이라면 이해 가능하다.

호흡이 중요하므로 호흡에 집중하자.

코로 천천히 들이마시고 입으로 천천히 내쉬면 된다.

후버만 교수가 추천한 NSDR 사이트

https://www.reveri.com/

앱스토어에서 'Reveri' 검색. 유료로 사용할 수 있고, 무료로는 1분짜리 4가지 버전이 있다. 영어로 되어 있지만 영어 듣기 평가를 할 수 있는 수준이라면 이해 가능하다.

무료명상 어플 추천

마음의 달인

후버만 루틴 9.
수면시간이 다가오면
작은 빛도 허락하지 말자

○ 잠의 기적을 경험한 사람들

어느 늦은 오후 스탠퍼드 수면 연구소의 한 연구실에서는 여러 명의 실험 참여자들이 모여있었다. 그들은 모두 각기 다른 이유이긴 했지만 공통적으로 수면에 문제가 있는 사람들이었다. 일부는 매일 밤잠을 설쳤고, 어떤 이는 너무 자주 깨어나는 바람에 아침이면 늘 피곤에 찌들어 있었고, 또 다른 사람은 수면시간은 충분했지만, 이상하게도 늘 머리가 무거웠다.

이 실험의 목표는 그들의 수면 습관을 관찰하고 개선할 방법을 찾아주는 것이었다. 연구자들은 그들에게 간단한 질문을 던졌다.

"매일 얼마나 자고 있나요?"

그중 제니라는 여자가 손을 들고 말했다.

"저는 5시간밖에 못 자요. 학교 과제랑 시험 준비 때문에 밤을 새우는 일이 잦아서요. 그런데 요즘 머리가 너무 무겁고 집중이 안 되니까 오히려 더 시간이 걸리는 것 같아요."

옆에 앉아있던 톰도 한숨을 내쉬었다.

"저는 하루에 7시간 정도는 자는데 자고 나면 몸이 무겁고 피곤해요. 뭔가 잘못된 것 같은데 왜 그런지는 모르겠어요."

그다음은 다니엘이라는 남자가 말했다.

"저는 스트레스를 낳이 받아서 자주 깨요. 한 번 잠에서 깨면 다시 잠들기까지 한참 걸리죠. 결국 수면 시간이 부족해지니까 온종일 피곤해요."

연구는 4주 동안 진행되었다. 이들은 각자의 수면 패턴을 기록하고 연구자들의 가이드를 따라 수면 습관을 개선하기 시작했다. 결과는 놀라웠다.

○ 제니 : 잠을 늘리다

제니는 매일 밤 5시간밖에 자지 못했지만, 연구자들은 그녀에게 최소 7시간을 목표로 잠을 자보라고 권장했다. 처음엔 어려웠다. 과제를 끝내고 나면 새벽 2시였고, 일찍 잠들려 해도 머릿속이 복잡해서 쉽게 잠들 수 없었다.

그러나 연구자들은 제니에게 뇌가 스스로를 정리하는 시간을 주기 위해 규칙적인 수면시간이 필요하다고 강조했다. 척수액이 교체되면서 뇌에 쌓인 노폐물을 제거하는 중요한 시간이 수면 중에 이루어진다는 설명을 듣고 제니는 수면의 중요성을 새롭게 깨달았다.

그녀는 수면 루틴을 만들고, 자기 전에 스마트폰을 멀리 두기 시작했다. 그리고 밤 11시가 되면 불을 끄고 잠자리에 들었다. 처음 며칠은 힘들었지만 2주쯤 지나자 제니는 확실히 달라진 자신을 느꼈다. 머리가 맑아지고, 집중력이 좋아졌으며, 과제나 시험 준비에 드는 시간이 줄어들었다. 결과적으로 더 많은 일을 더 짧은 시간에 할 수 있게 된 것이다.

○ 톰 : 숙면의 비밀을 찾다

톰은 매일 7시간을 잤지만, 자고 나면 늘 피곤했다. 연구자들은 톰의 수면 환경을 분석한 후, 수면 중간에 자주 깨는 작은 방해 요인들이 있음을 발견했다. 침실이 너무 밝거나 시끄럽지는 않았지만, 알람시계에서 나오는 작은 불빛조차 그에게는 수면 방해가 되었던 것이다.

또한 톰은 자기 전에 종종 카페인이 들어간 음료를 마시곤 했다. 무의식적으로 마시곤 했던 카페인 음료는 그가 깊은 수면까지 도달하지 못하게 만들었다. 연구자들의 조언에 따라 톰은 저녁에는 카페인을 피하고 침실을 완전히 어둡게 만들었다.

그렇게 3주가 지나자 톰은 매일 아침 더 상쾌하게 깨어났다. 그는 평소보다 깊고 평온한 수면을 경험했고, 피곤함도 줄어들었다. 이제 그는 수면이 단순한 시간의 문제가 아니라 질의 문제임을 깨달았다.

250

○ 다니엘 : 스트레스를 극복하다

다니엘의 수면을 방해하는 가장 큰 문제는 스트레스였다. 그는 밤에 자주 깨는 바람에 깊은 수면을 취할 수 없었다. 연구자들은 다니엘에게 자기 전 명상과 깊은 호흡 연습을 추천했다. 또한 그는 잠들기 전, 그날의 스트레스나 생각을 미리 기록해두는 일기를 쓰기 시작했다. 이 루틴은 그의 머릿속을 정리하고 마음을 안정시키는 데 도움이 되었다.

그가 꾸준히 이 루틴을 지키자 한 달이 채 되지 않아 다니엘은 밤에 한 번도 깨지 않고 쭉 잘 수 있었다. 그의 수면의 질은 눈에 띄게 좋아졌고, 스트레스로 인한 피로도 덜어졌다. 그는 이제야 비로소 '제대로 잔다는 것'이 무엇인지 알게 되었다.

이 실험은 참여자들에게 놀라운 변화를 가져다주었다. 주변 사람들은 그들의 변화를 바로 알아보았다. 신경질적이던 사람은 온화해지고 업무에 성과가 나지 않던 사람은 성과가 폭발하기 시작했다. 작은 성공들이 쌓이기 시작했고 스스로에 대한 자존감이 올라갔다. 그들이 가지고 있던 잠자던 거인을 깨워낸 것이다. 이제 그들도 깨달았다. 잠은 단순히 휴식이 아니라 뇌를 보호하고 삶을 더 나은 방향으로 이끌어 주는 열쇠라는 것을 말이다.

당신의 요즘 수면 패턴은 어떤가? 몇 시에 자고 몇 시에 일어나는가? 중간에 몇 번 정도 깨는가? 아침에 일어나서 컨디션은 어떤가? 자기 전에 무엇을 하는가? 하루의 컨디션이 전날 잠으로 결정된다고 해도 과언이 아니다. 아침마다 몸이 무겁다면 수면의 양과

질을 체크해 보아야 한다. 수면은 우리의 몸과 뇌가 회복하고 재충전할 수 있는 가장 중요한 시간이다. 그러나 현대 사회에서는 빛 공해와 스트레스로 인해 수면의 질이 떨어지는 경우가 많다. 멜라토닌 분비를 극대화하여 깊고 충분한 수면을 취하려면 아래와 같은 환경이 필요하다.

첫 번째로 중요한 것은 빛의 차단이다. 잠자리에 들기 전에는 실내조도를 최대한 낮추고, 모든 전자 기기의 빛을 차단해야 한다. 특히, 핸드폰이나 컴퓨터에서 나오는 푸른빛은 멜라토닌 분비를 억제하여 수면을 방해할 수 있다. 이를 방지하기 위해서는 잠들기 최소 한 시간 전부터 모든 전자 기기를 사용하지 않거나, 블루 라이트 차단 필터를 사용하는 것이 좋다.

두 번째는 신체의 중심 온도를 낮추는 것이다. 따뜻한 물로 샤워를 하면 일시적으로 피부 온도가 상승하고, 이후에는 몸의 내부 온도가 내려가면서 자연스럽게 잠이 온다. 가벼운 저녁 운동도 비슷한 효과를 낼 수 있으며 이 또한 수면의 질을 높이는 데 도움이 된다. 이러한 방법들을 통해 숙면을 취하면 다음 날의 에너지와 집중력, 그리고 전반적인 인지 기능이 크게 향상될 것이다.

세 번째는 스트레스 수준을 낮추는 것이다. 회사에 큰 일이 있거나 내일 중요한 시험이 있는 경우 자기 전에 신경 쓰이는 일들이 많아 잠이 오지 않는다. 누워서 눈을 감으면 이런저런 일들이 떠올라 감정의 폭풍우 한가운데 던져진 기분이 든다. 이럴 때는 일기를 쓰는 것을 추천한다. 내가 걱정하고 있는 것들을 글로 써 내려가다 보면 스트레스 수준이 차츰 낮아진다. 나에게 스트레스 준 사람에게 욕을 잔뜩 쓰라는 것이 아니다. 내게 있었던 일을 제삼자가 바라보는 것처럼 묘사하듯 적도록 해보자. 이렇게 쓰는 것이 내 마음을 치유하는 글쓰기다.

EX)

- **일반 일기쓰기** : 내 생일도 기억 못 하는 남편을 보니 기가 막히고, 이런 남자랑 왜 결혼했는지 자꾸 후회가 된다.
- **치유의 글쓰기** : 집에 들어오니 적막함만이 있었다. 오늘이 어떤 날인지도 모르고 저 남자는 오늘도 그냥 소파에서 핸드폰만 붙잡고 있다. 눈에서 뜨거운 것이 흘러내렸다.

마지막으로 주말에 오래 자지 않기다. 평소에 6시간씩 자다가 주말에 9~10시간 몰아 자면 이상하게 더 피곤한 느낌이 든다. 잠은 주말에 몰아 잔다고 해서 누적된 피로가 해결되지 않는다. 회사를 다닐 때 매일 야근을 하고 주말에 몰아서 9~10시간을 자고는 했다. 잠을 많이 잤으니 정신이 가장 또렷해야 하는데, 오히려 잠을 많이 자니 몸이 더 무겁고 온종일 피곤함이 눈에 가득 쌓였었던 기억이 있다. 아무리 평소에 잠이 모자라더라도 주말에 적정 수면시간인 8시간을 넘기지 말자. 가장 베스트는 매일 꾸준히 일정량의 수면시간을 지켜내는 것이다.

질 높은 수면을 이끌어내는 방법에 대해서는 수면 온도나, 수면

배개, 공복 여부, 미네랄 섭취 등 여러 가지 요인들이 있지만 크게 이렇게 **빛의 차단, 신체 중심 온도 낮추기, 스트레스 낮추기, 수면 시간 일정하게 조절하기** 등, 네 가지만 신경 써도 수면의 질이 크게 올라갈 것이다. 매일 아침 최고의 컨디션을 맞이할 준비가 되었는가? 최고의 수면은 당신 안에 잠자는 거인을 깨워 줄 것이다.

후버만 루틴 10.
모든 중독을 이기고 뇌를 최상의
컨디션으로 만드는 유일한 방법

　내 꿈 중의 하나는 세계 최고의 강사가 되는 것이다. 세계 최고의 강사에 가장 가까운 사람은 누굴까? 여러 의견이 있지만 내 기준에는 세계적 동기부여의 대가 토니 로빈스가 있다. 토니 로빈스는 수많은 유명 인사, 정치인, 스포츠 스타, 그리고 기업가들의 라이프 코치로 활동 중이다. 그가 코칭한 사람들 중에는 전 미국 대통령인 빌 클린턴을 포함한 4명의 대통령, 세계에서 가장 영향력이 있는 여성 오프라 윈프리(Oprah Winfrey), 세계 1위 테니스 선수 세레나 윌리엄스(Serena Williams)와 같은 인물들이 있다. 1회 참가 비용이 600만 원에서 1,300만 원에 달하는 그의 세미나는 넷플릭스에서 촬영한 다큐멘터리가 있으니 꼭 한 번은 보는 것을 추천한다.

　토니 로빈스의 세미나 다큐를 보다가 충격적 장면을 목격했다.

토니 로빈스는 세미나 중간에 이렇게 묻는다. "혹시 자살하고 싶은 사람이 있다면 손을 들어 보세요."라고 말 한 뒤 그들을 수천 명 앞에서 공개 코칭을 했다. 그중 한 사람은 어릴 때부터 온 가족이 사이비 종교에 빠져 성적 학대를 당했다고 말했다. 삶의 희망을 잃고 자신이 가진 모든 물건을 처분하고, 그 돈으로 마지막으로 토니 로빈스를 만나러 세미나를 찾아왔단다. 그 여자의 사정을 듣고 진심으로 슬퍼하며 토니 로빈스는 그녀 안에 있는 삶의 힘을 끌어내 주었다. 그녀가 재능을 발휘할 새로운 진로와 그 진로에 맞는 멘토도 찾아서 연결해주었고, 그녀를 조건 없이 지지해 줄 수 있는 3명의 사람들을 찾아 연결해주기도 했다. 이 모든 것은 즉석에서 이루어졌고 토니 로빈스 세미나 참여 이후 인생이 바뀐 그녀는 지금 브라질에서 많은 사람들의 멘토이자 인플루언서로 새로운 삶을 살고 있다.

어떻게 이런 일들이 즉석에서 이루어질 수 있었을까? 짜인 각본도 없이 이루어진 삶의 놀라운 변화는 토니 로빈스가 자신의 뇌를 200% 활용하는 법을 알기 때문이다. 세미나 영상에서 두뇌를 최대로 활용하기 위한 토니 로빈스만의 여러 가지 루틴을 볼 수 있는데, 그중 가장 인상적인 장면이 있다. 강연 30분 전 14℃의 차가운 물이 담긴 작고 깊은 수영장에 망설이지 않고 자신의 거대한 몸을 던지는 모습을 본 것은 내게 꽤나 충격적이었다. 대체 14℃밖에 안 되는 냉수에 몸을 담그는 것은 어떤 도움을 주기에 그렇게 하는 것일까 궁금했다. 나는 그 궁금증에 대한 답을 앤드류 후버만 교수로부터 찾을 수 있었다.

앤드류 후버만은 찬물 샤워가 신경계에 미치는 긍정적인 효과를 강조한다. 뇌과학적 관점에서 보면 찬물 샤워는 뇌와 신체의 여러 영역에 복합적인 자극을 주어 다양한 이점을 가져다준다. **먼저 찬물에 노출되면 신체는 스트레스 반응을 일으킨다.** 이때 교감신경계가 활성화되어 아드레날린과 노르아드레날린 같은 신경전달물질의 분비가 증가한다. 이러한 화학물질은 뇌와 몸에 각성상태를 유도하며 집중력과 주의력을 높이는 역할을 한다. 특히, 노르아드레날린은 뇌의 집중과 주의력을 높여주는 데 핵심적인 역할을 하는데, 찬물 샤워를 통해 이 물질의 분비가 촉진되면 일상에서 정신적인 명료성과 에너지를 높일 수 있게 된다.

또한 찬물 샤워는 도파민 시스템에도 영향을 미친다. 도파민은 뇌의 보상 시스템과 동기부여에 중요한 역할을 하는 신경전달물질이다. 찬물에 노출되면 도파민 분비가 증가하며, 이는 기분을 좋게 하고 긍정적인 정서 상태를 촉진한다. 연구에 따르면 찬물 샤워 후 도파민 수치는 상당한 기간 동안 상승된 상태를 유지할 수 있는데, 이 효과로 단기적인 기분 개선뿐 아니라 장기적으로도 우울증 증상을 완화하는 데 도움이 된다고 한다.

그뿐인가? **찬물 샤워는 뇌의 신경가소성에도 긍정적인 영향을 미친다.** 신경가소성은 뇌가 새로운 정보를 학습하고 적응하는 능력으로 뇌 기능 향상에 핵심적인 요소다. 찬물 샤워는 일종의 스트레스 요인으로 작용해 뇌를 자극하고 이 과정에서 신경세포 사이의 연결을 강화할 수 있다. 이는 새로운 기술을 학습하거나 문제 해결 능력을 향상하는 데 도움을 준다.

찬물 샤워는 신체의 염증 반응을 줄이는 데도 도움을 준다. 염증은 우울증 등은 여러 신경정신질환과 연관되어 있는데 찬물에 노출되면 혈류가 증가하고 혈관이 수축하며 염증을 감소시키는 데 도움이 된다. 이를 통해 뇌의 기능이 최적화되고 장기적으로 뇌 건강을 유지하는 데 긍정적인 영향을 미친다.

마지막으로 찬물 샤워는 호르몬 시스템에도 영향을 미친다. 예를 들어, 찬물 샤워는 코르티솔 수치를 조절하는 데 도움이 된다. 코르티솔은 스트레스 호르몬으로 알려져 있으며 이 호르몬의 균형이 맞지 않으면 스트레스와 불안이 증가할 수 있다. 찬물 샤워는 초기에는 코르티솔 수치를 일시적으로 높이지만 장기적으로는 신체가 스트레스에 적응하도록 도와 코르티솔 수치를 더 효과적으로 조절하게 된다. 이런 효과 덕분에 스트레스 관리와 정서적 안정에 긍정적인 영향을 미친다.

찬물 샤워를 할 때는 심장에서 먼 곳부터 시작하여 천천히 물의 온도를 낮추는 것이 중요하다. 처음에는 힘들게 느껴질 수 있지만, 점진적으로 찬물에 적응하게 되면 도파민이 증가하면서 활력이 넘치는 기분을 느낄 수 있다. 덕분에 도파민 중독을 피하고 보다 지속적이고 건강한 방식으로 도파민 시스템을 유지할 수 있게 된다.

찬물 샤워는 단순히 일시적인 각성 효과뿐만 아니라 장기적으로도 건강한 도파민 시스템을 구축하는 데 기여한다. 이는 다른 즉각적인 보상에 의존하지 않고도 성취감을 느낄 수 있는 방법으로, 성공적인 삶을 위한 중요한 루틴 중 하나이다. 차가운 물에 자주 노출된 사람들은 일반적으로 더 높은 수준의 집중력과 평온함을 느낀다. 이들은 스트레스를 더 잘 관리하며 일상적인 도전에 대한 동기부여가 증가한다.

찬물 샤워를 시작하는 것은 간단하지만 일정한 주의가 필요하다. 처음에는 너무 차가운 물에 노출되기보다는 약간 시원한 물로 시작하여 점차적으로 물의 온도를 낮추는 것이 좋다. 샤워할 때나 욕조에서 찬물에 몸을 담그는 것만으로도 충분한 효과를 볼 수 있다.

가장 중요한 것은 꾸준함이다. 일주일에 몇 번씩 정기적으로 차가운 물에 노출됨으로써 도파민 수치를 안정적으로 높이고 그 효과를 유지할 수 있다. 또한, 각자의 신체 상태와 건강상태를 고려하여 무리하지 않도록 해야 한다.

차가운 물 노출은 단순히 일시적인 기분 전환이나 자극을 제공하는 것을 넘어서, 우리의 뇌와 몸을 근본적으로 변화시킬 수 있는 강력한 방법이다. 도파민 수치를 자연스럽고 지속적으로 증가시킴으로써, 우리는 일상생활에서 더 큰 동기부여와 행복을 느낄 수 있다. 이 책에서 소개한 차가운 물의 지혜를 실천하여, 보다 건강하고 행복한 삶을 영위하길 바란다.

이 책에서 소개한 앤드류 후버만 교수의 성공 루틴들은 각각 독립적으로도 강력한 효과를 발휘한다. 이러한 루틴을 단순히 이해하는 데 그치지 않고 실제로 자신의 생활에 적용하는 것이 훨씬 중요하다. 작은 변화라도 꾸준히 이어 나갈 때 우리는 성공적인 삶을 살아갈 수 있다. 자신만의 루틴을 만들어가며 긍정적인 변화를 경험해 보자. 성공은 하루아침에 이루어지지 않으며 꾸준함이 결국 성공으로 이끄는 가장 강력한 무기가 될 것이다. 이 책에서 소개한 방법들을 실제로 실천해본 후 여러분의 삶에 어떤 변화가 있었는지 되돌아보자. 지속적인 노력이 결국 큰 변화를 만들어낼 것이라 믿는다. 어느 순간부터 당신의 뇌와 신체가 최고의 상태로 변모하는 것을 느끼게 될 것이다.

성공의 뇌가 찾아준 최고의 질문

○ '어떻게 저 사람의 인생을 최고로 만들 수 있지?'

교육 사업을 시작한 후 9년간 내 머릿속을 떠나지 않는 화두다. 분명히 우리 회사에서 같은 내용을 배웠고 같은 비용을 지불했고 같은 시간을 투자했지만, 결과물은 천지차이였다. 수익을 10배로 늘린 분, 투자에 성공하여 경제적 자유를 누리게 된 분, 자가 10채를 보유하게 된 분, 프랜차이즈 가맹지점 100개를 넘긴 분, 주식회사 대표가 된 분, 보험으로 3억 이상의 연봉을 달성한 분, 인천시의 발주를 받는 프로젝트의 협동조합 대표가 된 분, 공기업에서 임원 제안을 받으신 분…. 수많은 분들의 인생을 바꿔 주었지만, 더 많은 분들의 삶을 더 성공적으로 바꾸고 싶은 마음, 아니 마음을 뛰어 넘는 집착 때문인지 여전히 이 질문은 항상 내 머릿속에 맴돌고 있다. 교육업의 본질은 수강생들의 성공이라고 굳게 믿고 있기 때문이다.

각자 삶의 모습이 다르기에 서로 성과가 다를 수밖에 없는 것은 당연한 이야기지만, 그럼에도 불구하고 더 높은 성과와 성공으로 그분들의 인생을 이끌어 주고 싶은 갈망이 항상 존재하고 있었다. 나는 마치 아무리 물을 마셔도 사라지지 않는 갈증 같은 내 안의 궁금증을 해소하기 위해 계속해서 힌트들을 찾아다녔다. 같은 내용을 배우더라도 기적과 같은 탁월함에 이르는 분들의 공통점을 찾아다녔다.

그러던 어느 날, 매출이 10배가 넘게 올라 조용히 나를 찾아와 행복한 나눔을 해 주셨던 분의 이야기를 듣게 되었다.

"대표님, 저는 뭐 특별한 걸 한 게 없어요. 그냥 배운 그대로 했을 뿐이에요."

그대로 변함없이 수년간 꾸준히 같은 노력을 하고 있다는 것이 놀라웠다. 사업의 특성상 해외 출장이 잦은 분이신데 수년간 어김없이 토요일 아침 7시면 내가 운영하고 있는 오프라인 독서모임에 나오셨다. 출장일정과 겹칠 때면 더 비싼 비행기 표를 구해서라도 독서모임 참석을 사수하신 분이다. 그분께서 내가 코칭하는 교육을 들을 때 보여준 그래프가 있다.

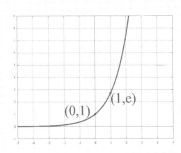

자연함수의 지수함수다. 자연함수의 지수함수는 미분을 했을 때 자기 자신이 된다. 어려운 말을 해서 미안하다. '자기 자신이 가지고 있는 양 만큼만 변화한다.'는 의미다.

우리가 가지고 있는 것이 무엇일까? 돈? 시간? 지식? 지혜? 습관? 이 모든 것들이 들어 있는 비밀의 상자가 바로 우리 머릿속에 있다. 바로 '뇌'다. 간이나 심장이 나빠지면 다른 사람에게 이식을 받는다. 하지만 뇌가 나빠지면 다른 사람에게 이식을 받을 수 있을까? 당연히 아니다. 우리 몸에서 가장 나다운 단 하나의 장기를 뽑자면 바로 '뇌'다. 우리가 진짜 가지고 있는 것은 바로 '우리의 뇌'다. 우리의 뇌를 알면 알수록 그리고 더 잘 다룰 수 있을수록 내 인생은 우상향 하기 시작한다.

처음에는 그래프의 왼쪽(시작하는 선)처럼 눈에 띄는 변화를 찾기가 쉽지 않다. 하지만 '그냥 이 책에서 배운 그대로 실행'한다면 어느샌가 당신의 삶은 오른쪽의 그래프처럼 수직 상승하는 순간을 맞이하게 된다. 여러모로 진짜 내 것인 뇌를 방해하는 것들이 넘쳐나는 세상이다. 그렇기 때문일까? 예전에는 성실함과 꾸준함이 기본값이었다면 현재는 꾸준함이 미덕인 세상이 되었다.

스마트폰이 하고 싶을 때 반사적으로 딴짓을 하고 싶고, 도망가고 싶을 때 이 책을 여러분의 책상에 놓고 언제든 뒤적이자. 여러분 뇌에 새로운 명령어를 내리고 내 삶을 하나씩 만들어 나가자. 언젠가 당신의 삶에 기적 한두 개 쯤은 성공을 입은 당신의 뇌가 찾아 줄 것이다. 매일, 매 순간 당신의 뇌가 이 책을 통해 성공의 뇌, 책임지는 뇌, 지배하는 뇌로 살아있게 되기를 응원한다.

강환규

장사를 하려면 경영학 책은 버려라

장사 교과서 ① 사장편

손재환 지음 | 18,000원

고객의 마음을 사로잡는 장사의 비법, 내가 나를 고용하는 장사의 가치를 확실히 깨닫고 추구하자

이미 규모 면에서 소박한 장사의 사이즈를 넘어선 사업을 운영하고 있지만, 본인의 정체성을 '장사'로 표현하기에 일말의 주저함이 없는 장사의 고수, 손재환 대표. 그 자신감과 그를 장사 고수의 경지에 이르게 한 원동력이 바로 이 책 《장사 교과서》(① 사장편) 속에 고스란히 녹아들어 있다. 초심을 잃지 않고, 본래의 가치에 충실한 장사란 어떤 것이며, 어떻게 업(業)의 생명을 길게 이어나갈 것인지에 대한 모든 비밀을 이 책 속에서 찾아보자. 장사를 업으로 삼는 모든 이들의 곁에 둘 필독서로서 자신있게 권한다.

당신의 매장에 마법을 불어넣을 비법!

장사 교과서 ② 매장편

손재환 지음 | 18,000원

장사에 필수인 매장관리 기법의 정수를 숨김없이 공개한다. 경쟁 업체 사장에게 숨기고 싶은 책, 《장사 교과서 ②매장편》

바야흐로 장사의 전성시대이자 장사가 가장 고전하는 시대이다. 책과 방송, 유튜브를 비롯해 곳곳에서 장사에 관련된 콘텐츠들이 넘쳐나면서도, 반면 장사를 했다가 망하는 자영업자들이 이토록 넘쳐나는 시절이 있었던가 싶은, 대한민국 서민들의 깊게 팬 주름살 하나하나를 그대로 반영하는 삶의 풍속도가 우리 앞에 더없이 리얼하게 그려지고 있는 시대이다. 그리고 그 풍속도의 가장 정면에서 보이는 것이 바로 장사의 실제 현장, 매장이다. 따라서 이 책 《장사 교과서 ②매장편》은 그 매장을 가장 효율적이고 매력적이게, 그리고 매출 발생을 극대화할 수 있는 방식으로 집필되어 있다.

장사 교과서 ③ 고객편

손재환 지음 | 18,000원

고객만족을 위한 노력으로
성장의 한계를 극복하는 긍정 마인드!

이 책을 통해 장사를 시작하는 독자들이 얻을 수 있는 가장 소중한 프로의 자세라면 바로 '예민한 고객을 만족시키면 장사는 롱런한다'는 손재환 대표의 가르침이다. 결국 장사에서 고객, 사장, 직원은 매장이라는 공간 속에서 매매라는 행위를 위해 서로 함께할 수밖에 없는 존재들이다. 그리고 이 일상의 공간 속에서 나의 한계를 극복하는 자세를 갖출 수 있는 사람이 진정한 고수이자 프로이다. 삶의 현장 속에서 닥치는 고비를 스승으로 삼아 자신의 한계를 극복해 내는 손재환 대표의 자세를 통해 독자들도 새로운 장사의 단계로 한 걸음 나갈 수 있기를 바란다.

갖가지 유형의
고객을 만족시키는
노하우

장사 교과서 ④ 직원편

손재환 지음 | 18,000원

노동 가능 인구는 줄어들고, 인건비는 오르고
직원과 사장이 함께 걷는 올바른 장사의 길은 무엇일까?

이 책의 핵심은 장사를 함에 있어 직원에게 어디부터 어디까지, 어떤 방식으로 일을 맡길 수 있는지, 직원의 능력은 어떻게 극대화할 수 있는지, 직원의 처우와 복지는 어떻게, 어떤 방식으로 해줘야 하는지 등의 세세한 문제를 실전 장사의 지점에서 발생하는 구체적 사례를 통해 설명한 데에 있다. 혼자 할 수 없는 장사라면 반드시 고민하게 되는 직원과의 상생 문제, 《장사 교과서 ④ 직원편》 속에서 그 명쾌한 해답을 찾아보기 바란다. 손재환 저자의 30년 장사 경력이 녹아든 이 책이 독자에게 분명 큰 도움을 주리라 확신한다.

플랫폼과 콘텐츠의
관계 분석